シリーズ
事例に学ぶ
Q-U式学級集団づくりのエッセンス

実践

「みんながリーダー」の学級集団づくり

小学校

[編著]
河村茂雄
Shigeo Kawamura
武蔵由佳
Yuka Musashi

図書文化

まえがき

　学級集団を建設的な方向に形成できずに悩んでいる先生が多くなり，そのサポートをめざして学級集団づくりの本を上梓してきました。内容は，文部科学省の科学研究助成を受けて，筆者が開発した学級集団アセスメント「Q-U」でとらえたデータをもとに，全国の先生が行っている学級集団づくりの方法を整理したものです。データを整理するなかで，良好な学級集団を形成し高い教育実践の成果を上げている先生方は，学級集団づくりの展開や方法論が似ていることが見えてきました。

　今回，さらに，それらの先生方には，理に適った学級のリーダーの育成の考え方と育成方法が見えてきました。それは，「学級集団づくりにそって，すべての児童生徒にリーダーシップ，フォロワーシップを育てる」という考え方と，それに基づく計画的な対応です。従来の先生方とは考え方や方法が違います。

　従来の学級のリーダー育成は，「教育活動を活性化させるために，学級内の児童生徒の人間関係を親和的にまとめたい」という学級担任の願いに基づき，学級内で能力が高い児童生徒を見いだし，その児童生徒を中心に学級集団を建設的にまとめ，活動させていくというやり方が多かったと思います。別の言い方をすると，リーダーの役割を特定の児童生徒に固定して，学級集団づくりをしていくというやり方です。

　グローバル化と情報化が急速に進む社会のなかで，これからの児童生徒には，日々，自分の知識や技術を更新していくための，思考力，判断力，表現力を育成する目標探求型の学習を体験させることが不可欠になっています。すべての児童生徒に，自分の生き方を主体的に選択して社会で生きていくための力が，求められているのです。

　小，中，高等学校の学級経営は，学級集団づくりを土台とし，学級内のすべての児童生徒の人格や市民性を育成することが究極的な目的です。そのために，児童生徒自身を，児童生徒にとっては小さな社会である「学級集団」の形成に関与させることを通して，すべての児童生徒に自己管理力と自己教育力を育てていくのです。

　したがって，教員が行う児童生徒個々の育成と学級集団の形成は表裏一体でなされていくものであり，学級集団づくりのプロセスにおいて，学級内すべての児童生徒にリーダーシップ，フォロワーシップを育成することが求められるのです。

　本書は，学級集団づくりの具体的な事例をまとめたもので，学級リーダー育成のヒントになる考え方と具体的な対応策をたくさん取り上げることをめざしました。拙著『学級リーダー育成のゼロ段階』（2014）の姉妹編です。

　本書を多くの先生方に手にとっていただき，学級リーダー育成＆学級集団づくりのたたき台にしていただければ幸いです。

　2015年6月

早稲田大学教育・総合科学学術院教授
博士（心理学）河村茂雄

シリーズ 事例に学ぶ Q-U 式学級集団づくりのエッセンス
実践「みんながリーダー」の学級集団づくり 小学校

CONTENTS

理論編

序論 これからの児童生徒をどう育てるか

第1章 考え方

- 012 第1節 これからの学級集団づくりのポイント
- 013 第2節 リーダーが育つ学級集団とは
- 016 第3節 どのように進めるか

第2章 傾向と対策

- 018 第1節 学級を牽引する児童生徒とは
- 019 第2節 集団発達とリーダーの傾向
- 026 第3節 集団発達段階ごとのリーダー育成のポイント

事例編

第3章 学級集団づくりの事例

- 030 事例1 自己中心的な児童を民主的リーダーに成長させた学級
- 046 事例2 リーダー役割の「見える化」で急成長した学級
- 062 事例3 仲間の幸せを考える児童たちが育てた学級
- 078 事例4 個性的な児童たちの貢献で活性化した学級
- 094 事例5 規律を取り戻し児童たちの自信を育てた学級
- 110 事例6 みんなにフォロワーシップを育てた学級
- 124 事例7 主従的な人間関係を乗り越えた単学級
- 140 事例8 考えの交流を通じて役割意識が向上した学級

本書の見方

学級リーダー育成のヒントをどう読み取るか

○事例編（第3章）では，学級集団づくりを通じて，「学級内のすべての児童生徒にリーダーシップを育てる」ことをめざした取組み事例を紹介します。学級ごとに実態は異なり，各学級の経過は一様ではありません。事例を読む際のヒントとなるよう，各事例の冒頭に「ダイジェスト」ページを設けました。

○学級内のリーダーの役割は，学級集団の実態に即して，その役割や仕事の中身にふさわしい児童生徒から体験学習するのが効果的です。「ふさわしい」というのは，おもに「学級が集団としてまとまり，児童生徒同士による良好な相互作用が生じるように」ということです。そして，最終的に，学級内のすべての児童生徒が，学級集団づくりへの貢献を通じて，リーダーシップとフォロワーシップの両方を体験学習できることが理想です。それをどのように進めていくかというヒントの提供をめざしています。

学級集団のタイプ

「学級集団のタイプ」がどのように推移していったか，Q-Uを用いて表しています。

事例の概要

事例の特徴についてまとめました。また，「学級担任のこの実践に注目してほしい」という見どころを解説しました。

学級担任の紹介

学級集団づくりや学級のリーダー育成のプロセスに影響を及ぼす，学級担任の指導観について示しました。

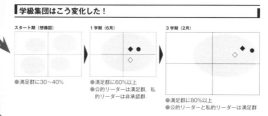

「ダイジェスト」ページについて
○各事例冒頭の「ダイジェスト」ページには，本文を読み解くための手がかりを集約しました（下図参照）。Q-U（P154コラム参照）の枠組みを用いて複雑な学級集団の問題を整理し，指導のヒントを探ります。

事例中のQ-Uプロットについて
○各事例のQ-Uプロットについては，登場人物のみ掲載しています。
○プロット図中において，◆と◇と◆は男子，●と○と●は女子を表しています。また，◆と●は学級の公的リーダー，◇と○は学級の私的リーダーを表しています。
○「学級の公的リーダー」として学級委員を，「学級の私的リーダー」として非公式に影響力をもつボス的な児童生徒を想定しています。

※本書に登場する児童生徒の名前はすべて架空のものです。また，掲載事例およびQ-Uのプロット図は，プライバシー保護のため，事例の趣旨が損なわれない範囲で，脚色を加えています。

学級集団の発達段階
学級の「集団としての成長」（発達段階）が，どのように推移していったかを表しています（「学級集団の発達段階」についてはP45コラム参照）。

各学期の概要
1～3学期それぞれの学期における，みどころを示しました。

コラム　学級集団の発達段階とは

　全国の教員が考える「理想の学級集団」の条件を整理したところ，理想の学級集団を成立させるための「必要条件」と「十分条件」が見えてきました。

必要条件
Ⅰ　学級内に，規律，共有された行動様式がある［ルールが確立している］
Ⅱ　学級内に，児童生徒同士の良好な人間関係，役割交流だけではなく感情交流も含まれた内面的なかかわりを含む親和的な人間関係がある［リレーションが形成されている］

十分条件
Ⅲ　学級内の児童生徒一人一人に，学習や学級活動に取り組む意欲と行動する習慣があり，同時に，児童生徒同士で学び合う姿勢と行動する習慣がある
Ⅳ　学級内に，児童生徒のなかから自主的に活動しようとする意欲，行動するためのシステムがある

　これらをさらに整理して見えてきたのが，学級集団の発達段階です。あくまで目安ですが，知っておくことで，学級担任にとって，弱点の補強や次に取り組むべき課題などが見えやすくなり，学級経営の計画が立てやすくなります。

混沌・緊張期
　学級編成直後の段階で，児童生徒同士に交流が少なく，学級のルールも定着しておらず，一人一人がばらばらの状態にとどまっている。

小集団成立期
　学級のルールが徐々に意識され始め，児童生徒同士の交流も活性化しているが，その広がりは気心の知れた小集団内にとどまっている。

中集団成立期
　学級のルールがかなり定着し，小集団同士のぶつかり合い後に安定に達すると，指導力のあるリーダーがいる小集団等を中心に，複数の小集団が連携でき，学級の半数の児童生徒が一緒に行動できるようになっている。

全体集団成立期
　学級のルールが児童生徒にほぼ定着し，学級全体の流れに反する一部の児童生徒や小集団ともある程度の折り合いがつき，学級内の児童生徒のほぼ全員で一緒に行動できるようになっている。

自治的集団成立期
　学級のルールが児童生徒に内在化され，規則正しい生活や行動が，学級全体的な規模で，温和な雰囲気のなかで展開されている。学級内の児童生徒同士が自他の成長のために協力できるようになっている。

理論編

序論 これからの児童生徒をどう育てるか

第1章 考え方
第1節：これからの学級集団づくりのポイント
第2節：リーダーが育つ学級集団とは
第3節：どのように進めるか

第2章 傾向と対策
第1節：学級を牽引する児童生徒とは
第2節：集団発達とリーダーの傾向
第3節：集団発達段階ごとのリーダー育成のポイント

序論
これからの児童生徒をどう育てるか

　戦後70年を経過し，いくつかの省庁から出されている数々の提言を読むにつけて，これからの社会は，環境や原子力の問題など，国を超え地球規模で考えていかなければならないことを痛切に感じます。そして，人々が日常生活を送っている職場，地域社会，家庭では，多くの変化が起こりつつあります。

　そのなかで，教育にかかわる者として，次の2つの点を，指摘したいと思います。

①情報，知識，技術が個人レベルで世界に流通する高度情報化社会に移っていること
②個人的な幸福感や満足感が重視される社会に移っていること

①情報，知識，技術が個人レベルで世界に流通する高度情報化社会に移っていること
　数々の経済紙でも指摘されているように，IT機器を通じて，情報，知識，技術の変化が高速化しており，最先端が次々と更新されています。
　さらに，その変化は，特定の国や地域を超えて，国際的な規模で起こっています。
　また，いまや情報や技術の発信を行う機会は，特定の機関のみならず，一個人に対しても大きく開かれています。

②個人的な幸福感や満足感が重視される社会に移っていること
　先進国を中心に，精神的豊かさを求める状況が加速し，その中身がより個人的なものに変化しています。「みんなと一緒，人並みで幸せ」という傾向から，「自分らしさ，個人的な満足感を追求する」という傾向への変化が強まっているのです。マズローの欲求階層説でいうところの，所属欲求の段階から承認欲求の段階への移行が起きているようなイメージです。

　そして，人々はいろいろな媒体を通じて個人的な思いやさまざまな情報を発信していくのです。商品は，単に値段が安いとか，機能が優れているというだけでは評価されず，デザインやエコの観点であるとか，「癒される」などの個人的満足感を刺激するものに，より価値が見いだされていくのです。

　人々の個人的な志向が強くなると，いっぽうで従来人々の間で暗黙に合意されていた常識や道徳観が曖昧になっていき，組織や地域における，合意形成や人々の関係形成は，とてもむずかしくなっていくと思います。

　上記の2つの点は，人々の生き方の根幹に影響を与え，その結果として社会のあり方を大きく変化させるものです。例えば，仕事の種類や内容・働き方，地域社会や家庭のあり方などに大きな変動を起こすと思います。

　そのなかで生きる，これからの児童生徒のために，教育の内容には実態に即した変

化が求められます。すでに表面化している，貧困の問題や，高等学校や大学を卒業した後，なかなか社会に根づいていけない一定数の若者の存在は，これからの日本の教育に，大きな変革を迫っています。

以上を考えると，次のことが，これからの児童生徒に身につけさせたいものの中心になると思います。

> ①生涯学習を前提にした「自分にとって意味のある人生」を主体的に生きるための力
> ②市民性を包括した人格

①生涯学習を前提にした「自分にとって意味のある人生」を主体的に生きるための力

大学まで通い習得した一定の知識や技術を有していても，生涯の生活をカバーできる社会ではなくなりました。高度情報化社会では，常に自分の知識や技術を更新し，役割として期待されるパフォーマンスを発揮していくことが求められます。そこで教育には，自己教育を主体に，日々自分の能力を変化する社会に応じて更新していく力の育成が求められます。

また，既成の知識や技術から新たな知識や技術を生み出すための思考力，判断力，表現力を育成する探究的な学習を通じて，自分の生き方を主体的に選択して生きていくための力を育成することが求められます。これからの教育においては，「読み・書き・計算」の基礎学力とライフスキルの育成は最低限であり，そのうえに，さまざまなスキルを駆使できるような実社会で活用できる能力であるコンピテンシーの育成が求められます。

②市民性を包括した人格

自分の生き方を選択していくためには，自らの価値観や生き方を確立できるような人格が求められます。また，個人的な幸福感や満足感を高めるためには，自分は何を幸福に感じるのか，何を大事にして生きていくのか，それをしっかり定められるような人格が求められます。

どのような時代になっても，教育基本法第1条（教育の目的）『教育は，人格の完成を目指し，平和で民主的な国家及び社会の形成者として必要な資質を備えた心身ともに健康な国民の育成を期して行わなければならない。』は教育の基本理念だと思います。それどころか，これからの教育では，より大事にしていかなければならないと思います。人格の育成は，自我の発達や道徳性の獲得などを必要とし，家庭を中心に社会全体でなされるものですが，学校教育だからこそできる領域があると思います。

個人的な幸福感や満足感を追求する社会を生きる児童生徒には，人権意識が前提となる「自分と同じように他者もそのような意識と権利をもっている」という認識を確立させることが不可欠です。さらに，人々が個人的な志向を追求する傾向がどんなに強くなっても，「人間は一人では生きられない，社会的な存在であること。社会とは人々が助け合って生きていく仕組みであること」を基本原則として教えなくてはなり

ません。

　つまり，これからの児童生徒には，共同体の世界と，個人の世界の両方に，しっかりと生きていけるような人格を育成することが強く求められると思います。人々が個人的な志向を追求する傾向がますます強まるからこそ，児童生徒に，社会の意味を理解させ，「社会を形成していく一人である」という意識と行動力を育成していく必要があるのです。

　その意識と行動を育成するためには，座学による知識の習得だけでは不十分です。義務教育の段階から，児童生徒にとっての社会ともいえる学級などの集団のなかで，「集団のルールに準じて行動する」「互いの人権を尊重し合いながら他者とかかわる」「共同活動のなかで役割を遂行し責任を果たす」などの体験学習をさせていくことが必要です。

　他者とのかかわりは，その人の心のよりどころとして情緒の安定に寄与します。また人は，かかわり合うことを通して，「他者」と「自分」という視点が生まれ，他者から自分に対するフィードバック（評価，励まし，叱責，肯定など）を得て，「自分」のイメージが形成されていきます。つまり，自己を確立していくプロセスでは，いろいろな人とのかかわり合いを通じて，自分のいろいろな面を体感することが必要になるのです。そして，青年期に入ると，「自分は何を大事にしたいのか」「どのように生きていきたいのか」という実存的な問題を他者と語り合うことによって，「自分は○○なのかな」という自分に対する漠然としたイメージが，「自分はこういう人間だ」という自己概念として形づくられていきます。自分なりの価値観を形成するようになるわけです。

　さらに，児童生徒が，集団のなかで，さまざまな傷つき体験を乗り越えながら，「社会は支え合って形成されている」という意味と喜びを，実感できる体験が大事です。

　したがって，児童生徒が所属する集団の質と，そのなかでのメンバー同士の相互作用の内容がとても重要です。

　あらゆる集団は，暗黙的にせよ明示的にせよ，一定の信念，態度，行動などの価値基準をそれぞれもっています。そのような価値基準を受け入れることができ，かつ，それにそって行動できるとき，個人は周りのメンバーたちから受け入れられ，個人はその集団に適応することができます。

　人は，自分の存在や個性が受け入れられ，認められるような集団や，憧れているような集団に対しては好感をもち，そのような集団に所属したいと思うものです。そのような集団を「準拠集団」といいます。人は，準拠集団に対しては「より適応したい」と欲して，自ら進んでその準拠集団内の価値基準を取り入れようとします。このような人が集団の価値基準に影響を受けるプロセスを「同一化」といいます。したがって，人格や市民性の形成を目的として児童生徒を所属させる集団は，その質がとても重要です。非行集団における「朱に交われば赤くなる」というような同一化では，教育的効果としてマイナスです。

　つまり，児童生徒が，「教育力のある集団」（自他の人権を尊重し，自律して自己責

任を共同生活・活動のなかで積極的に果たす，建設的な向上心をもつなどの価値基準をもった集団）に愛着をもち，その集団に所属していることに喜びや誇りを感じているとき，その児童生徒にとって，その集団のために行動することは喜びになります。児童生徒は「自分が誇りに感じている集団の役に立っている，必要とされている」という大きな喜びを通じて「みんなのためになる行動」を自発的にとるようになっていきます。このような体験を通じて，児童生徒の人格は形成されていくのだと思います。

　近年の国際比較調査で，日本の子どもたちの自尊感情の低さが問題になり，さまざまな要因が指摘されていますが，「誇りに感じられるような準拠集団にめぐり合っていない，所属できていない」「必要とされていると感じられる場面がない」という要因も，背景にあるのではないかと思います。個人的な満足感の充足だけでは，自尊感情の高まりには限界があり，さらに，社会・集団のかかわりのなかで育まれていない自尊感情は，唯我独尊，傍若無人，自己中心的な傾向を帯びてしまう危惧が拭い去れません。自分が誇りに感じている集団に寄与できていることで育まれる自尊感情は，他者や集団の存在を尊重する感情と表裏一体のものとなっているのです。

第1章
考え方

第1節 これからの学級集団づくりのポイント

　児童生徒にとっての社会ともいえる集団に，一定期間，継続的に参加させて，体験学習をさせていく，というのが，現行の日本の学校教育制度です。学級集団は，教員という成人をリーダーとし，同年齢の児童生徒によって組織される，最低1年間メンバーが固定される集団です。そして，学級は知識や技能の獲得をめざす教科学習の場であり，学級生活や活動を通じた人格形成の場なのです。学校教育の目的が具体的に展開される場が，まさに学級集団といえます。

　したがって，学級担任には，学級集団のもつ学習集団と生活集団の2つの側面を統合し，学校教育のカリキュラムを通して獲得される教育課題と，人間としての発達課題を，児童生徒が，統合的に達成できるように指導を計画し組織を運営することが求められています。そして児童生徒にとっての直接的な学習場面として，授業や学級活動，行事などを設定する必要があります。

　学級集団は最初から親和的にまとまっているということはなく，集まった人々のなかに「共有する行動様式」がある状態，いわゆる「人とかかわる際や集団として動く際のマナーやルール」が共有されていくにつれてまとまっていくものです。

　今日の学級経営のむずかしさは，学級に集まった児童生徒が，最低限の「共有する行動様式」を身につけていないことです。その結果，教員が児童生徒を集団で生活・活動させることがむずかしいのです。「①学級集団はさまざまな背景をもつ児童生徒に，集団体験を通して社会を学ばせる場」です。個人が集団に適応するためには，集団の規律を「理解」し「守ることを学んでいく」ことが必要です。

　そして同時に，教員は，一人一人の児童生徒がみんな異なる生育歴と異なるニーズをもつことを前提に，「②学級集団を，それぞれの児童生徒個々の特性を受容し，積極的に生かし，多様な個を含む集団として成熟させなければならない」のです。

　従来は①の視点が学校現場の常識でしたが，これからは②の視点がより求められていくと思います。

　これからの児童生徒は，より個人的志向を追求する傾向が強くなると思います。

　集団生活や活動を通して児童生徒の人格を育成していくため，教員には，学級集団の意味と，学級集団の状態の理解，学級集団を育成する方法の習得が求められます。同時に，学級集団づくりのなかで児童生徒個々の人格形成に寄与するような，効果的な方法論を有することが，これからの教員には切に求められていくと思います。

第2節 リーダーが育つ学級集団とは

　児童生徒の発達は，クラスメートと生活や活動を共にするだけで自然となされていくものではありません。教員は，日々の生活や活動そのものが，児童生徒一人一人にとって体験学習となるように，学級集団内に望ましい状態と機能（生活・活動を通じた建設的な相互作用）を育てていくことが必要です。学級集団の望ましい状態と機能は表裏一体です。学級集団が望ましい状態での活動が，児童生徒間の建設的な相互作用を支え，児童生徒間の建設的な相互作用が望ましい学級集団の状態を形成していくからです。

　望ましい状態の学級集団（満足型学級集団）では，メンバー一人一人の個が尊重され，みんなで定めた目標とそれを達成するためのルールがすべてのメンバーに共有され，感情交流を伴った人間関係の輪が集団全体に広がっています。そのなかで，メンバー個々は仲間とかかわりながら，主体的に意欲的に生活し活動しています。学級集団内に児童生徒の自治があり，問題が起これば自分たちで話し合い，個々のメンバーが成長するように民主的に対処します。つまり，満足型学級集団の児童生徒は，自己管理と自己教育ができる状態になっているのです。支え合い，学び合い，高め合い，の状況を，自分たちでつくり出すことができるようになっているのです。

　以前，筆者は，「児童生徒個々の学級生活や活動が周りから阻害されない」という最低限の状態にとどまっている学級集団が全国的に多いということを，拙著『学級集団づくりのゼロ段階』を通じて指摘し問題提起しました。ゼロ段階の学級集団では，集団の機能は大きくマイナスに働きませんが，大きくプラスにも働きません。これからの学級集団づくりは，集団の教育効果がプラスの方向に高まるように，まずは「最低限の状態」を確実に突破しようという提案をしました。

　その後，拙著『学級リーダー育成のゼロ段階』を通じて，特定の個人（教員や特定の児童生徒）に児童生徒が，同調していたり，服従していたり，依存していたりして学級集団がまとまっている状態では，最低限の知識や技能の伝達，かたちだけは整った活動がなされるまでで，児童生徒個々の自発的な行動や児童生徒同士の建設的な相互作用が生起されず，学校教育の本来的目的が十分果たせない，という問題提起をしました。残念ながら，このレベル以下の学級集団が，一定数あるのです。

　市民性を包括した人格の育成には，児童生徒相互の建設的な話し合い活動が不可欠です。「建設的」とは，各自が集団のメンバーとしての当事者意識をもち，内在化されたルールやマナーのもとに，不安なく自分の考えや感情を表明できる，ほかの児童生徒の考えや感情を理解できる，そのような交流が成り立つ状態です。児童生徒のかかわり合いが不安定で，建設的な話し合い活動の成立が不十分になっていると，学級内の児童生徒のかかわり合いは，教育的に作用しません。

コラム　学齢期に集団活動・生活を通してさまざまな資質・能力を獲得していく意味

　人間の発達は連続的・継続的に進行していくものですが，特定の年齢時期はほかの年齢時期とは異なる特徴のまとまりをもっています。これを発達段階といいます。ピアジェ（J.Piaget）は，思考の発達を4段階に分けて，子どもが外界との相互作用，養育者とのやりとりを通して，環境に対する認知機能を発達させることを研究しました。

　ハヴィガースト（R.J.Havighurst）は，人間が健全で幸福な発達を遂げるためには各発達段階で達成しておかなければならない課題があり，発達の各時期に解決する必要があり，うまく解決できると次の段階への移行や適応がうまくいくが，解決されないと移行や適応が困難になると考えました。それを発達課題と呼びました。発達課題は，「自己と社会に対する健全な適応にとって必要な学習である」「一定の時期に学習されることが望ましい（その後も存在し続ける課題もあるが，その意義は弱まっていく）」「各発達課題は子どもの興味や関心を喚起する」という意義と特徴をもっていることを指摘しています。

　同様に，エリクソン（E.H.Erikson）も，人間の一生を8段階のライフサイクルに分けて考えました。ライフサイクルの考え方は，次の①〜④の内容です。

> ①人間のパーソナリティは，生物学的に規定されたプログラムに従って，あらかじめ決定された各段階にそって発達していく
> ②社会とのかかわりのなかで心の発達が起こる
> ③各段階における心理・社会的危機がある
> ④個人と家族の発達的危機は相互に関連し合っている

　「危機」というのは「危険」という意味ではなく，解決すべき中心的な課題を意味します。「危機」には発達に肯定的で前向きなものと，退行的で病理的なものがあり，それらが対となり，力動的状況（発達的危機）におかれます。肯定的なものが退行的なものを上回るかたちで獲得されることが望ましいとされます。

　エリクソンは，子どもが各段階において必要とする人々とのかかわりを通して，それぞれの時期の課題を解決していくことによって，しだいに統合した人格が形成されていくと考えました。

　多くの先行研究を鑑みると，人間の発達のなかで，日本の小・中・高等学校の児童生徒そして大学生の時期には，個と社会とのかかわりが不可欠なものであることがわかります。エリクソンは，学齢期（7〜12歳ごろ）は，大人になることを学ぶ時期であり，忍耐強く勉強や活動を行い，それを完成させる喜び，有能さを獲得できるかが重要であり，青年期（13〜22歳頃ごろ）は，社会のなかで自己を自分なりに位置づけることができるかが大事であることを指摘しています。

　このような学習をすべての児童生徒に効率的に提供することが学校教育の目的です。そして児童生徒にとって最も身近で小さな社会が，学級集団です。

コラム 学級生活を通して子ども一人一人に育つ力はどのようなものか

　学級集団は小さいながらも公的な集団であり，児童生徒にとっては社会です。
　学級担任は，その運営と学級生活に関する問題解決を，児童生徒に自主的に行わせ，集団の一員としての自覚を高め，集団生活・活動に主体的に協働的に参加させ，すべての児童生徒に自己管理力と自己教育力を育てていきます。
　個の育成と学級集団の育成は表裏一体でなされていくものです。学級集団づくりの目的は，集団の機能を手段とみなし，児童生徒の個を育てることだからです。集団の機能とは，協同の活動や，集団生活のなかで発生する，メンバー同士が相互に影響を与え合う力です。これはグループアプローチの考え方と同義です。
　グループアプローチとは，「個人の心理的治療・教育・成長，個人間のコミュニケーションと対人関係の発展と改善，および組織の開発と変革などを目的として，小集団の機能・過程・ダイナミックス・特性を用いる各種技法の総称」です（野島，1999）。下表の内容がその効果として指摘されています。
　つまり，児童生徒にとって，学級集団での生活・活動は，グループアプローチの体験そのものです。よって，学級集団での建設的な生活・活動体験は，所属する児童生徒個々の情緒の安定と心理社会的な発達を促進し，児童生徒の人格を形成しいくのです。

表　グループアプローチの効果　　　　　　　　　　　　（野島，1999）をもとに筆者が表を作成

分類	項目	内容
個人アプローチとグループアプローチに共通に見られる効果	受容	他者に暖かく受け入れられることにより，自信や安定感が生まれる
	支持	他者からのいたわりや励ましによって，その人の自我が支えられ強められる
	感情転移	他者に対しその人にとって重要な人との関係が再現される
	知性化	知的に理解したり，解釈をして不安を減少させる
	カタルシス	自分の中の抑えていた情動を表出することで緊張解消が起こる
	自己理解	自分自身の自己概念・行動・動機などについて前よりも理解が深まる
	ガイダンス	他者からその人に役立つ助言や情報が得られる
グループアプローチに特有に認められる効果	愛他性	自己中心的傾向を抑えて，他者を暖かく慰めたり親切な助言をすることで，他者を助けることができる喜びによって，安定感，生活意欲が高まる
	観察効果	他者の言動を見聞きするなかで，自分のことを振り返ったり，見習ったりする
	普遍化	他者も自分と同じような問題や悩みを持っているということを知り，自分だけが特異でないことを自覚し，気が楽になる
	現実吟味	家族関係，人間関係の問題をグループのなかで再現し，その解決法を試行錯誤しつつ学ぶことで自信を持ち，適応能力が高まる
	希望	他者の成長や変化を目の前にすることによって，将来に向けて希望が持てるようになる
	対人関係学習	話したり聞いたりすることを通して，自己表現能力や感受性が高まる
	相互作用	グループ担当者とメンバー，メンバー同士でお互いに作用し合う
	グループ凝集性	グループとしてのまとまりが相互の援助能力を高める

引用文献：野島一彦編『現代のエスプリ　グループ・アプローチ』至文堂 1999　pp.9-10

第3節 どのように進めるか

　ではどのように満足型学級集団を育成すればよいのでしょうか。
　多くの教員は学級集団が荒れて崩れていくことが怖いので，安定状態を形成することを急ぎます。そこに「学級のリーダーが特定の児童生徒に固定される」という状況が生まれやすいのです。
　いくら学級集団を安定させるためだとしても，教員が，特定の児童生徒にリーダー役割を固定して教育活動を行うことは，児童生徒個々の自発的な行動や児童生徒同士の建設的な相互作用を生起させることを阻害しかねません。
　つまり，学級のリーダーについて，教員に対する「助教」のような存在ととらえる考え方からの脱却が，満足型学級集団づくりの第一歩です。
　すべての児童生徒に，市民性を包括した人格と学力を統合的に育成することをめざし，そのために学級集団の機能を活用するのです。
　そのために求められるのは，学級集団での活動や生活を通してすべての児童生徒にリーダーシップ，フォロワーシップを育てるという考え方，への転換です。
　リーダーシップとは，集団に目標達成を促すよう影響を与える力，であり，リーダーはリーダーシップを中心となって発揮する役割をもった人です。
　フォロワーシップとは，集団の目的達成に向けて，リーダーを補助していく機能です。フォロワーとはリーダーを補佐する役割をもった人々のことで，単にリーダーの指示に素直に従うというイメージではなく，主体的に自分の考えを伝え，目的達成に向けて貢献する姿勢が求められます。
　近年のリーダー研究では，集団がまとまり，集団生活・活動がうまくいくためには，集団内にもち前のリーダー性をもった人がいたり，特定のリーダーシップ行動をとることができる人がいたりすればよいということではなく，すべてのメンバーが一定の意識性をもち，自ら集団をより最適な状態につくっていくという姿勢と行動が大事であることが認識されています。まさに，満足型学級集団づくりそのものです。
　学級集団は，段階を追って成熟していくものです。
　したがって，リーダー役割の体験学習は，最初からすべての児童生徒に同時に割り振られるわけではありません。集団としてまとまり，より良好な相互作用が生じるように，学級集団の発達段階に即して，それにふさわしい児童生徒から徐々に展開されていくことになります。そして，最終的に，すべての児童生徒にリーダーとフォロワーの役割の体験学習を通じて，満足型学級集団づくりに貢献する機会を提供していきます。
　段階に応じた学級リーダーの育成の仕方に，良好な学級集団を形成し，高い教育実践の成果を上げるポイントがあります。どのようなタイプの児童生徒がリーダーか，どのようなかたちでリーダーシップを発揮しているのかを見れば，その学級集団の状態，学級集団発達の段階は，おのずとわかるのです。

学級のリーダー育成法について,「従来」と「これから」のおもな違い

①なぜ学級内にリーダーを育てるか

[従来]
学級内にリーダーを育てることで,学級集団をいち早く安定させ,学級集団の安定状態を持続させようというねらいが強い。

[これから]
最低限の学級集団の安定状態は維持しながら,さまざまなリーダー体験を通じて,児童生徒の心の教育を促進していこうとするねらいが強い。

②リーダーはだれか

[従来]
クラスメートからの人気,学力や所々の能力,意欲が高い一部の児童生徒。

学級内の一部の児童生徒

学級の人気者 / リーダー経験が豊富

[これから]
自分たちの学級集団を「みんなのめざす姿」に近づけようと考え,貢献できるすべての児童生徒。

学級内のすべての児童生徒

学級のために貢献できる児童生徒

③リーダーをどう育てるか

[従来]
リーダー役割を特定の児童生徒に固定し,その児童生徒に集中的にリーダーシップを育てる。

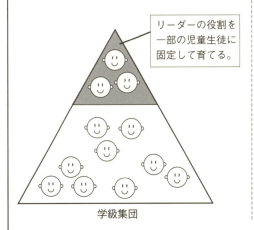

リーダーの役割を一部の児童生徒に固定して育てる。

学級集団

[これから]
リーダー役割の枠を増やし,さまざまな児童生徒にリーダー役割を通じて学級集団に貢献させながら,全員にリーダーシップを育てる。

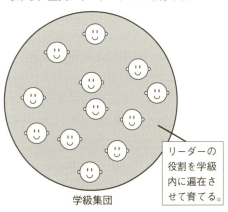

リーダーの役割を学級内に遍在させて育てる。

学級集団

第2章
傾向と対策

第1節 学級を牽引する児童生徒とは

　日本の学級集団は,「共同体」の側面を基盤としてもち,同時に,「機能体」の側面をもっています。

　つまり,学級集団づくりを行う教員は,学級集団のもつ,「児童生徒の学校生活・活動におけるベース」という共同体の側面と,「学習集団」という機能体の側面をうまく統合させながら,民主的な集団の形成・運営の仕方を,児童生徒に体験学習させているのです。学級を牽引する児童生徒はそのようななかで現出します。

学級集団の「機能体」的側面を牽引する児童生徒

　機能体の集団とは,特定の目的を達成することをめざす集団です。特徴としては,所属しているメンバーの役割や責任,期待される行動が明確であり,かつ,目的を効率的に達成するために,集団のあり方が明確です（「上司－部下」という縦関係など）。集団や組織が全体でまとまって活動する場合は,メンバー間に共有された指示系統や情報伝達経路が必要なのです。

　したがって,機能体の集団のメンバーの行動は規則にのっとって事前に契約されていることが基本であり,メンバー間の交流は役割交流が中心です。一般的に,機能体の側面が厳密に現れている集団は,組織（体）と呼ばれます。企業などが代表例です。

　学級集団においては,集団生活や活動がスムーズに展開されるために,学級内に,学級委員や班長などのリーダーシップを発揮する役割が設定されています。

学級集団の「共同体」的側面を牽引する児童生徒

　機能体に対して,共同体という概念があります。共同体の集団は,家族や趣味のサークルなどに代表され,血縁や地域,思想や精神のつながりなどを通じて生まれるものです。メンバー間の相互依存性が強く,メンバーの生活の安定や満足感の追求を目的としていることが特徴です。

　共同体の集団にも規則はあります。ただし,その規則は,明文化され契約されたものというよりは,「集団内のメンバー同士が共有する暗黙のルールが,集団の規律を維持していく」というようなものです。このような特徴から,共同体の集団内では,メンバー間の感情交流が大事にされます。

　学級内によく見られる,親しい友達グループなどの小さなグループは,学級集団が共同体の側面をもっていることを示す,代表例です。そして,そのような小さな友達グループ内には,そのグループを牽引したり方向づけたりするボスのような児童生徒がいることは珍しくありません。

第2節 集団発達とリーダーの傾向

　学級内には，集団生活や活動がスムーズに展開されるために，学級委員や班長などリーダーシップの発揮を任される役割が設定されます。いわば「公的」リーダーです。いっぽうで，学級内には，民主的に選ばれなくても，自然と学級全体や友達グループを牽引するボスのような児童生徒がいます。いわば「私的」リーダーです。

　児童生徒は，学級集団での生活や活動を通して，社会で生きていくために必要な「役割に関する考え方」と「役割行動の仕方」を学んでいきます。それらは，学級内で「公的」リーダーが民主的に選ばれ，みんなで議論して物事を決定し，決定した内容にそって自分の役割をそれぞれが果たしていく，という流れのなかで，児童生徒みんなで，あるいは児童生徒個々に，体験学習していくものです。

　そのプロセスにおいて，学級内の「公的」リーダーと，「私的」リーダーは，学級集団づくりにさまざまな影響を与えていくのです。

学級集団の「公的」リーダー

　集団を形成・維持・発展させるために，リーダーシップを発揮する責任と権限が役割として与えられていることを，集団のメンバー全員に認識されている人物を，「公的リーダー」または「フォーマルリーダー」と言います。

　「学級の公的リーダー」とは，学級委員長や副委員長（地域によって代議員や学級役員）などの名称で呼ばれ，学級集団の形成・維持・発展に貢献する役割が付与されている児童生徒のことです。学級委員のほかにも，「生活班のリーダー」や「行事のパートリーダー」「プロジェクトの推進委員」も学級委員に比べると小さな役割ですが，学級内の公的リーダーとして位置づけられます。

学級集団の「私的」リーダー

　公式的にはリーダーシップを発揮する責任と権限は与えられていませんが，その集団の明示的・暗黙的ルールや規律に，プラスもしくはマイナスの影響を与えている人物を，「私的リーダー」または「インフォーマルリーダー」と言います。

　年下の上司の指示に対して不服従なベテランたちの行動を，学校の職員室においても見かけることがありますが，そのような組織で，取組みの成果が思うように現れていないことは珍しくありません。このような公的リーダーと私的リーダーの兼ね合いから現出する集団や組織の状況は，大人の社会のみならず，小・中・高等学校児童生徒の学級集団にも見られる現象です。そして，公的リーダーと私的リーダーの兼ね合いを見れば，その集団の発達段階は，ある程度，見えてくるものです。

　次に，公的リーダーと私的リーダーの学級内の位置づけについて，教育現場で見られる一般的な傾向を，イメージしやすいようにQ-U（P154のコラム参照）の視点を交えながら整理します。なお，集団発達と学級集団の状態の対応について，一般的な傾向を表にまとめましたので，適宜参照してください（P23）。

コラム 気をつけたい状態の学級集団

　河村（2012, 2014）は，学級集団づくりにおいて，最低限，次の状態の確保をめざさなくてはならないことを指摘しています。

1）学級集団全体で一斉授業や活動が，一応成立している
2）学級集団の雰囲気や状況が，児童生徒個人の人権，学習意欲・行動にマイナスの影響を与えていない

▼

> **学級のリーダー育成の前提条件**
> 　「非建設的に振る舞う児童生徒が，学級のリーダーとして自己中心的に行動して，集団生活・活動を脅かしている」という状態でないこと

　「非建設的に振る舞う児童生徒が学級のリーダーとして自己中心的に行動し，集団生活・活動を脅かしていない」ことは，学級内の個々の児童生徒にとって，人間関係を通じた学びが教育的にプラスとなるための前提条件です。つまり，学級集団のシステムが最低限成立し，集団内の相互作用が個々の児童生徒の生活や学びに大きなマイナスになっていないということです。
　「マイナスでなければよし」と考える教員は少ないと思いますが，この前提条件が達成されていない学級集団①，このレベルを何とか維持している学級集団②は，一定数あります。

①前提条件が達成されていない学級集団

　「不安定な要素をもった学級集団」「荒れの見られる学級集団」「教育環境の低下した学級集団」は，前提条件が達成されていない状態です。
　このような状態の学級では，学級集団全体の教育的な相互作用を促進するような児童生徒が，実質的な学級のリーダーになっていることはありません。非建設的な力の強い児童生徒が，その力で教員の指導，学級集団の公的リーダーの児童生徒の言動を無視し，自己中心的な行動をして，民主的な集団形成と運営を妨げていたり，学級のほかの児童生徒を牛耳ったりしていることが多いのです。
　そういう学級内では，多くの児童生徒は素直に自分の考えや感情を表明することができないばかりか，裏面交流や強い者への同調，自分が攻撃されないための防衛の仕方などを，結果的に学んでいきます。児童生徒はそういう状況下で建設的なリーダーシップもフォロワーシップも学ぶことはありません。クラスメート間の信頼関係や支え合いは乏しく，児童生徒一人一人が失敗してばかりにされないように緊張感が高まっていたり，陰で中傷されていないかと不安が高まっていたりと，情緒の不安定な状態になりがちです。

結果的に、児童生徒は授業に集中できず、もろもろの活動に連携して取り組めず、学級集団への帰属意識は低下し、学級不適応感が高まり、いじめ問題が噴出します。

②前提条件を何とか維持している学級集団

「かたさの見られる学級集団」「ゆるみの見られる学級集団」「拡散した学級集団」は、前提条件を何とか維持している状態です。

「かたさの見られる学級集団」は、教員が発揮する強い指導性のもとで、学級委員、係や生活班の長などの役割が整理され、公的リーダーを中心に機能体の集団として学級がまとまっていると考えられる状態です。公的リーダーには教員から評価される能力の高い児童生徒が選ばれ、大多数の児童生徒は、教員や公的リーダーの指示に従って行動しています。まさに、教員を絶対者とした学級王国です。そして、私的リーダーの勝手な行動は抑えられるものの、児童生徒間に、能力差に基づいてヒエラルキーが生まれる可能性が高いのです。

ほかの傾向として、授業や学級活動は整然と展開されますが、学級集団の共同体の側面、児童生徒間のリレーションが希薄になりがちです。また、公的リーダーは教員の指示を受けて行動することが多く、ほかの児童生徒も教員の顔色をうかがい、自由な発言や感情表出ができにくくなっています。つまり、児童生徒が自発的な行動をとれない雰囲気が学級にあります。学級集団の構造と運営が結果的に民主的になっていない点が、大きな問題なのです。

「ゆるみの見られる学級集団」は、教員が発揮する指導性が弱く、学級委員や、係や生活班の長などの公的リーダーの役割が学級のなかに位置づいておらず、多くの児童生徒が私的リーダーに牽引されて学級生活や活動を送っていると考えられる状態です。児童生徒に「自分たちで民主的な学級集団をつくり上げる」という意識が乏しく、内輪の利害を優先した行動、グループ同士の対立や軋轢が目立ちます。

「拡散した学級集団」は、教員が発揮する指導性と援助性が弱く、学級委員や、係や生活班の長などの公的リーダーの役割が形骸化していて、多くの児童生徒は私的リーダーに牽引されて学級生活や活動を送っていると考えられる状態です。児童生徒に「自分たちで民主的な学級集団をつくり上げる」という意識が乏しく、内輪の利害を優先して行動します。ほかのグループには関心が乏しいので軋轢は少ないですが、学級に対する児童生徒の帰属意識はとても薄いものになっています。

「ゆるみの見られる学級集団」と「拡散した学級集団」は、公的リーダーの児童生徒の存在感が希薄で、数人の私的リーダーが実質的な力をもって、学級集団のあり方や動きに影響を与えていると考えられる状態です。ほとんどの児童生徒はリーダーシップやフォロワーシップを体験学習する機会に恵まれず、結果的に、民主的な学級集団は成立しません。

③その他の気をつけたい状態の学級集団

全国の学級集団を見ていくと、ある程度仲よくまとまり、大きな問題は起こら

ないのですが，なぜかその学級は児童生徒の学力の定着がいまひとつである，というケースは少なくありません。このような学級集団によく見られるのが，ほかの児童生徒から存在感を認められた私的リーダーを中心に学級がまとまっている状態です。このようなケースの多くでは，私的リーダーに依存的，服従的であること，学級内にヒエラルキーがあることを，ほとんどの児童生徒が，当然のこと，仕方がないこととして受け入れてしまっています。つまり，「共同体」としてのみ成立し，安定している学級集団と言えます。地方の郡部に多く見られる状況で，幼稚園・保育園から中学校までずっと同じメンバーという単学級に顕著に見られます。

　学級集団としての凝集性は高いわけですから，教員としては指導がしやすい学級です。子どものころから長い時間をかけて構築された人間関係のヒエラルキーにより，競争意識などが起因する大きな対立は起こりません。

　しかし，児童生徒の成長に関するマイナス面があります。モチベーションが高まらないこと，チャレンジ精神が希薄になること，です。一見まとまっているように見えますが，それは個性を認め合ったうえでの協調関係ではなく，自分を抑えて仲間と合わせている同調関係です。ポジションや打順が固定した野球チームのようなものではないでしょうか。自分の地位を他者から脅かされないので，選手一人一人はチームが下位に低迷しても焦ることは少なく，3，4番打者にチームのためにもっとがんばらねばという気迫がなく，控え選手はレギュラーをあきらめているような状況です。

　そして，仲間内の評価をとても気にします。嫉妬されて仲間はずれにされることが最も怖いので，中位を懸命に維持しようという意識です。一昔前の集団や組織には，このような傾向がとても強かったと思います。自分たちの安定を壊しかねない外部刺激を受け入れない傾向です。都会から転入生が来ると，よそ者として仲間はずれにする，というのは昔からよく見られる例です。発展よりも現状維持を志向すると，集団や組織は徐々に衰退していき，そのなかで，児童生徒は「自分の特性をより伸ばす」という意識と行動を喪失していきます。

　集団の民主的な運営に関する体験学習，つまり，児童生徒が，「互いの人権を尊重し，学級の目標を設定し，さまざまな状況に対してその都度みんなで話し合って対策を練り，対策にふさわしいそれぞれの役割が割り振られ，役割に応じた活動をそれぞれがすることで，集団全体で問題解決を果たす」という経験を重ねることは必要です。閉鎖的な集団のなかでのみ過ごした児童生徒には，閉鎖的な集団で生きるための意識や行動様式しか身につかず，それでは学校教育の本来的な目的は達せないのです。

　このような学校や学級への対応は，全国の郡部の地域の学校で課題となっています。しかし，最も深刻なのは，「この地域の児童生徒はこんなものだろう」と，状況に巻き込まれて，仕方がないこととあきらめている教員たちの意識にあるのかもしれません。

参考文献：河村茂雄『学校集団づくりのゼロ段階』図書文化　2012
　　　　　河村茂雄『学校リーダー育成のゼロ段階』図書文化　2014

第 2 章 傾向と対策

表 集団の発達段階における学級集団状態の目安

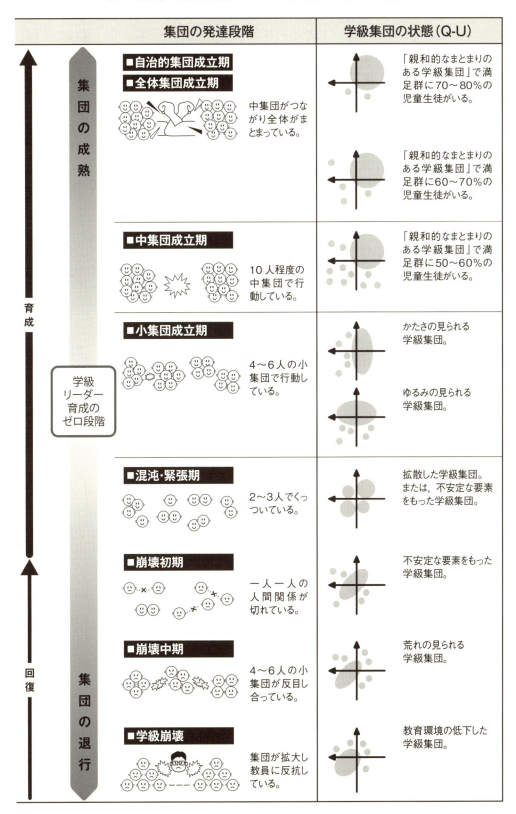

①「混沌・緊張期」以下の学級集団

　Q-Uで「不安定な要素をもった学級集団」「荒れの見られる学級集団」「教育環境の低下した学級集団」とされる学級集団は，一般的に，「混沌・緊張期」以下の段階にあると考えられます。

　このような学級集団では，学級委員などの公的リーダーは立場や役割が学級集団のなかに明確に位置づいておらず，私的リーダーが，恣意的に振る舞っている状況が見られます。学級満足度尺度では，私的リーダーは満足群にいることが多く，公的リーダーは，状況の改善に向けて動いているときは侵害行為認知群に，あきらめてしまいなすがままのときは非承認群に，何とかしようとして私的リーダーに強く反発されている場合は不満足群にいることが多いです。

②「小集団成立期」の学級集団

　Q-Uで「かたさの見られる学級集団」「ゆるみの見られる学級集団」「拡散した学級集団」とされる学級集団は，一般的に，「小集団成立期」の段階にあると考えられます。

　「かたさの見られる学級集団」で，公的リーダーが教員に支えられ周りの児童生徒からも一応その正当性が認められている場合，公的リーダーは満足群に，私的リーダーは満足群以外にいることが多いです。ただし教員の支えが弱く私的リーダーと軋轢がある場合は，公的リーダーは侵害行為認知群か非承認群に，私的リーダーは満足群にいることが多くなります。また公的リーダーが教員からリーダーシップのとり方が悪いと注意され私的リーダーと軋轢がある場合は，公的リーダーは不満足群に，私的リーダーは満足群にいることが多くなります。

　「ゆるみの見られる学級集団」で，私的リーダーが公的リーダーになっている場合，公的リーダーは，力が抜んでいるときは満足群に，ほかの私的リーダーと拮抗しているときは侵害行為認知群にいることが多いです。ただし真面目な児童生徒が公的リーダーになっている場合，公的リーダーは，状況の改善に向けて動いているとき侵害行為認知群に，あきらめてしまいなすがままのときは非承認群に，何とかしようとして私的リーダーに圧倒されてしまった場合は不満足群にいることが多いです。

　「拡散した学級集団」では，教員の働きかけが弱いことが考えられ，公的リーダーの立場や役割は形骸化して

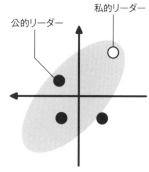

混沌・緊張期以下の
プロット図の傾向

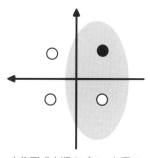

小集団成立期のプロット図の
傾向（かたさ型）

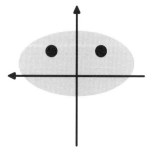

小集団成立期のプロット図の
傾向（ゆるみ型）

おり，公的リーダーの責任意識が低くなっている傾向が見られます。公的リーダーも私的リーダーも自分の状況に応じた群にいることが多いです。

③「中集団成立期」の学級集団

Q-Uで「親和的なまとまりのある学級集団」とされ，満足群に50〜60%の児童生徒がいる学級集団は，一般的に，「中集団成立期」の段階にあると考えられます。

学級内には公的リーダーを核とする多数派がいるいっぽう，私的リーダーを中心とする反主流派も存在し，学級全体の活動時にトラブルが起こりやすいです。そのため，勢力のバランスによって公的リーダーも，私的リーダーも侵害行為認知群か満足群にいることが多いです。

まったく別のパターンで，コラム（P20）で紹介した学級集団では，公的リーダーはだれであろうと，私的リーダーが上位にいるヒエラルキーのもとで動いていることが多いです。したがって，ヒエラルキーが下位の児童生徒は満足群におらず，私的リーダーは満足群に，公的リーダーは役割よりも個人的要因でそれぞれの群にいることが多いです。

中集団成立期の
プロット図の傾向

④「全体集団成立期」か
「自治的集団成立期（満足型）」の学級集団

Q-Uで「親和的なまとまりのある学級集団」とされ，満足群に60〜70%の児童生徒がいる学級集団は「全体集団成立期」，70〜80%以上の場合は「自治的集団成立期」の段階にあると考えられます。

「全体集団成立期」の学級集団は，コラム（P20）の学級集団より人間関係の固定化が進んだ状態で，教員や私的リーダーにほかの児童生徒が依存して，公的リーダーはだれであろうと，私的リーダーが上位にいるヒエラルキーのもとでまとまり，ほとんどの児童生徒がそれなりに満足している状態になることが多いです。

「自治的集団成立期」の学級集団は学級内のほとんどの児童生徒が満足している理想的な状態です。身勝手な主張をする児童生徒は少なく，多くの児童生徒が学級の目標を理解して，公的リーダーはイベントに応じて柔軟にローテーションされ，フォロワーシップが能動的に発揮されます。

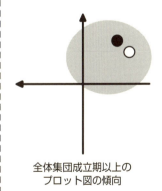

全体集団成立期以上の
プロット図の傾向

第3節 集団発達段階ごとのリーダー育成のポイント

　学級集団づくりと学級内の望ましい人間関係づくりは同義です。満足型学級集団も学級内の良好な人間関係もはじめから存在するわけではなく，段階を追って形成されていくものです。そこで，学級のリーダーの役割は，学級が集団としてまとまり，児童生徒同士による良好な相互作用が生じるように，学級集団の発達段階に即して，その役割や仕事の中身にふさわしい児童生徒から徐々に展開されていくことが効果的です。最終的に，すべての児童生徒が満足型学級集団づくりに貢献することで，リーダーシップとフォロワーシップを体験学習できることが理想です。
　学級集団の発達段階ごとの学級リーダー育成の方針を解説します。

■ 混沌・緊張期

どんな状態か

　学級編成直後の様相で，児童生徒同士に交流が少なく，学級のルールが定着しておらず，一人一人がばらばらの状態です。多くの児童生徒は緊張や不安を強く感じ，防衛的な行動をとりがちです。自分の本音を隠し，周りの様子をうかがい，自分が傷つけられないための行動をとることが多いです。私的リーダーを中心に小グループごとに恣意的な行動をとることが多いです。

対応のポイント

　教員は学級の目標をすべての児童生徒に理解・定着させ，それを具現化するための学級のルールを確立する．同時に，学級内のすべての児童生徒が互いを尊重しながらかかわっていけるような基盤をつくることが求められます。
　そこで，学級委員や生活班・係活動の長などの公的リーダーに，相対的に，学級目標の達成意識が高く行動力のある私的リーダーを割り当てることが効果的です。この時期は学級内の流れを大きく方向づけることが大事ですから，学級目標の達成意識は高いのですが，行動力の乏しい児童生徒にはあまり向きません。
　教員は，学級目標について全体にも個別にも定期的に説明し，児童生徒に当事者意識をもたせる．同時に，民主的な集団運営の流れのなかで児童生徒が相互に関係づくりができるように対応していくことが必要です。このような教員の取組みが，公的リーダーたちの役割行動の正当性を高めることにつながっていきます。

■ 小集団成立期

どんな状態か

　学級のルールが徐々に意識され始め，児童生徒同士の交流が活性化していますが，気心の知れた小集団内の交流にとどまっている状態です。不安や緊張から自分を守るために，身近な数人で閉鎖的に固まる不安のグルーピングです。学級全体で活動する

際も，自分たちのグループの利益を優先することに力が注がれやすいです。しだいにグループ内のメンバーと秘密を共有したり，同調行動をとったり，また，グループ外の特定の児童生徒を共通の敵とすることで団結するなどの，非建設的な行動が多くなっていきます。

対応のポイント

　教員は公的リーダーを核にして，学級内のルールの確立と，私的グループの枠を超えた人間関係づくりを，班活動や係活動などの小さな単位での活動を通じて地道に積み重ねていくことが求められます。すると，公的リーダーが役割に応じて行動するいっぽう，私的リーダーを中心とする小グループの恣意的な行動は制限され，公的リーダーと私的リーダーとの軋轢が生じやすくなります。

　ここが学級集団づくりの1つのポイントで，公的リーダーの正当な行動が，少なくとも学級内の3分の1の児童生徒から認められるようにすることが求められるのです。教員は個別に公的リーダーを承認し，支えていることを実感させるとともに，私的リーダーを中心とする小グループの児童生徒に，公的リーダーが行っている取組みの意味を，具体的に理解させていくことが必要です。

　同時に，公的リーダーだけではなく，すべての児童生徒の承認感を高める取組みを，班活動や係活動中の認め合いなどを通して展開することが必要です。公的リーダー以外の児童生徒の承認感が低下すると，不安のグルーピングが強くなり，結果として，公的リーダーと私的リーダーの軋轢が強まっていくからです。また，私的リーダーの児童生徒が，フォロワーシップの行動をとっている場合は，積極的に承認してあげることが大事です。

■中集団成立期

どんな状態か

　学級のルールがかなり定着し，小集団同士のぶつかり合い後に安定に達すると，指導力のある児童生徒がいる小集団から公的リーダーが生まれ，複数の小集団が連携し，学級の半数の児童生徒が一緒に行動できる状態になります。ただし，私的リーダーを中心とする小グループが，公的リーダーに反発することがあります。

対応のポイント

　学級内のまとまりは進み，小集団が開かれ中集団で連携できるようになっているこの段階では，教員は学校行事への参加や学級全体のイベント活動を通して，中集団の活動の仕方，例えば段取りや役割相互の連携などを教えていくことが求められます。

　活動の内容ごとにふさわしい児童生徒が，いろいろなグループからリーダーに選ばれ，一度リーダーを経験した児童生徒が，新たなリーダーに対して，フォロワーシップを能動的に発揮できるように指導します。教員は，学級のなかに「自分たちでやってみよう」という機運を育てるために，上から指示を出すよりも，リーダーシップをとっている児童生徒を水面下でしっかり支え，集団のまとまり，活動の推進を陰で支えることが求められます。学級集団の5割くらいの児童生徒がフォロワーシップを能

動的に発揮し，そのような行動が学級内で評価される雰囲気の形成をめざします。

■ 全体集団成立期

どんな状態か

中集団成立期に学級全体の活動を積み重ねていくと，学級のルールが児童生徒にほぼ定着し，一部の学級全体の流れに反する児童生徒や小集団ともある程度の折り合いがつき，児童生徒のほぼ全員で行動できる状態にいたります。

この段階になるとリーダー性のある児童生徒には人望が集まり，自然と公的リーダーに推されることが多くなります。そのほうが全体活動もスムーズに展開するからです。しかし，同時にほかの児童生徒はリーダー性のある児童生徒に依存し始め，学級内の児童生徒間にヒエラルキーが生まれやすくなります。

対応のポイント

この段階で公的リーダーを担う顔ぶれが固定的になると，すべての児童生徒にリーダーシップやフォロワーシップを育成することが叶いません。また，どこか，こぢんまりとした学級集団へと向かっていきます。教員はこの段階では意識して公的リーダーの役割をローテーションし，多くの児童生徒の可能性の開発をめざしたいものです。そして，ほとんどの児童生徒が，フォロワーシップを能動的に発揮する習慣を，相互に承認し合う場を通じて育成していくことが求められるのです。

■ 自治的集団成立期（満足型）

どんな状態か

学級のルールが児童生徒に内在化され，一定の規則正しい生活や行動が，温和な雰囲気のなかで展開され，児童生徒は自他の成長のために協力できる状態です。学級内の問題や，みんなで取り組むべきことを，児童生徒が見いだし，自分たちで話し合って問題解決できるようになってきます。特別な支援が必要な児童生徒には，ほかの児童生徒がさりげなくサポートできるようになっています。

対応のポイント

このような状態になっても，学級集団は「常に向上しよう」という機運がなくなると，徐々に退行していきます。したがって教員は，日々の生活や活動がマンネリにならないように，定期的に活動の仕方に変化をつけたり，イベントを提案したりして，集団生活や活動が惰性に流されるのを予防することが求められます。

以上が，学級集団育成の各段階における理想的な学級リーダー育成の流れです。

ただし，学級集団は千差万別です。個別対応（反社会的，非社会的な問題）が必要な児童生徒が複数所属している学級集団も少なくありません。現状に合わせた集団育成目標を定め，その目標に向かって段階的に取り組んでいくことが求められます。

事例編

第3章 学級集団づくりの事例

[事例1]
自己中心的な児童を
民主的リーダーに成長させた学級

[事例2]
リーダー役割の「見える化」で急成長した学級

[事例3]
仲間の幸せを考える児童たちが育てた学級

[事例4]
個性的な児童たちの貢献で活性化した学級

[事例5]
規律を取り戻し児童たちの自信を育てた学級

[事例6]
みんなにフォロワーシップを育てた学級

[事例7]
主従的な人間関係を乗り越えた単学級

[事例8]
考えの交流を通じて役割意識が向上した学級

ダイジェスト

自己中心的な児童を民主的

学級集団はこう変化した！

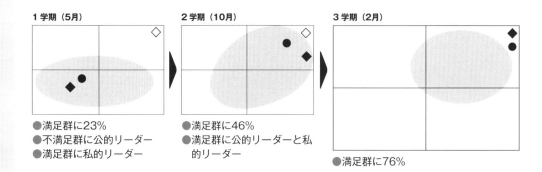

1学期（5月）
- 満足群に23%
- 不満足群に公的リーダー
- 満足群に私的リーダー

2学期（10月）
- 満足群に46%
- 満足群に公的リーダーと私的リーダー

3学期（2月）
- 満足群に76%

　学級集団を「崩壊」状態から回復させて「満足型」に変容させる取組みを行った6学年の実践である。当初は前年度の学級崩壊により児童に強い教師不信があり，学級内に民主的な雰囲気はまったくなかった。1学期にはルールとリレーションの回復を行い，2学期はできるだけ多くの児童にさまざまな行事でリーダー役割を体験させた。最終的には自分たちでプロジェクトを発案し，協力して実行し，みんなで成功を喜び合う学級になった。

● 学級担任のおもな特徴
40代半ばの男性。

どのように学級経営を進めたいか？
- 反抗挑戦性障害の児童を受けもち，その児童への対応を含めた学級経営に苦戦したことがきっかけで，自分の力のなさを痛感し，学級経営，カウンセリング，特別支援教育等に関する勉強を始めた。
- 児童たちが，違いを認め合ってつながり，共に成長していくことのできる集団をめざしている。また，自分たちで計画したことを仲間と協力し合って成し遂げ，喜び合うような自治的な学級集団の姿をめざしている。
- 他人を傷つけるような態度や言葉には厳しく対応する。また，やるべきことを責任をもってやり遂げることができるように，指導性を強く発揮する。同時に，児童同士のかかわりをつくるための認め合い活動も計画的に取り入れている。
- 学級集団の出発地点は一様ではなく，それぞれの学級集団の状態にマッチした対応をていねいに積み重ねることが集団を育てる唯一の方法であると考えている。

どのようにリーダーを育てたいか？
- 私的リーダーが，正当なリーダー性を発揮できるようにすることが優先である。学級集団内に「出ても打たれない」という安全が確保されてから，できるだけ多くの児童にリーダーを経験させる。
- 活動を支えるフォロワーの役割があることを指導し，リーダーとフォロワーが共に役割を果たしたときに，活動がうまくいくことを体験的に理解させていきたいと考えている。

リーダーに成長させた学級

学級担任はリーダーシップをこう切りかえた！

1学期

| 混沌・緊張 ▶ | 小集団 ▶ | 中集団 ▶ | 全体集団 | 自治的集団 |

学級内の人間関係が固定的で集団としてのまとまりが感じられない

おもな活動：●学級開き　　　　　　　　　　　　　　　　▶P32〜35

こう動いた ▶▶▶ よいこと，悪いことを学級担任がその場でジャッジして示す

学級担任が強いリーダーシップを発揮し，学級内に正義の芽を育てるために，自分勝手に振る舞い，逸脱を楽しむ児童に対して，よい行動と悪い行動を即時的に判断した。学級は「子ども同士で注意し合える状況」になかったため，公的リーダーの言動を教師が支えた。また，私的リーダーに公的リーダーの役割を与え，周囲から正当な評価を受けるような成功体験に導いた。

こうなった ▶▶▶ 多くの児童がルールに従って行動し始めた

2学期

| 混沌・緊張 ▶ | 小集団 ▶ | 中集団 ▶ | 全体集団 | 自治的集団 |

正義を大切にする児童が増え，正当な学級世論が形成されてきた

おもな活動：●運動会・修学旅行等学校行事の役割活動　　　▶P36〜39

こう動いた ▶▶▶ できるだけ多くの児童にリーダーの役割を体験させる

児童全員が何らかのリーダーになることを指示する。学級の公的リーダーの選出に際しては，「もっとよい学級にしていきたい」という気持ちが強い人を選びたいと投げかけ，立候補とミニ演説会を行った。活動の前には，リーダーの役割として，①先にお手本となる行動をする，②大きな声で指示を出す，③盛り上げる，の3つを「先に大盛り」という合い言葉で示しておき，活動の後にはリーダーのがんばりをほかの児童から承認させた。リーダーの児童には，朝の会で，活動の予定や協力の呼びかけをさせた。

こうなった ▶▶▶ 学級の活動に関心をもって参加するようになった

3学期

| 混沌・緊張 ▶ | 小集団 ▶ | 中集団 ▶ | 全体集団 | 自治的集団 |

言いたいことを言い合える民主的な雰囲気が醸成されてきた

おもな活動：●卒業式　　　　　　　　　　　　　　　　　▶P40〜43

こう動いた ▶▶▶ 学級でのさまざまな活動は，自分たちで話し合わせ，計画させ，実行させる

卒業に向けてプロジェクトチームをつくり，全員をどこかに所属させ，チームごとにリーダー，サブリーダーを決めた。その際，能力はあるがこれまで前面に出ることのなかった児童に声をかけ立候補を促した。取組み中はリーダーやフォロワーのよい姿を見逃さず承認して学級全体に広げた。

こうなった ▶▶▶ 前向きな提案に，すぐさま協力的に反応し，意欲の高まりが感じられる

事例1 自己中心的な児童を民主的リーダーに成長させた学級

1学期

混沌・緊張 ▶ 小集団 ▶ 中集団 ▶ 全体集団 ▶ 自治的集団

学級内の人間関係が固定的で集団としてのまとまりが感じられない

■**Keyword**：学校担任が正義を牽引する／逸脱を楽しむ一部の男子児童

どんな学校か
・郊外の住宅地で，昔からの集落に近年新興住宅地が加わる地域にある，1学年2学級，特別支援学級3学級の中規模校である。
・教育に関する関心はあまり高いとはいえない。クレームも少ないが，協力も少ない。

どんな学級か
・事例学級6年2組の児童数は26名（男子17名，女子9名）である。
・本校は隔年で学級編成替えを行っており，当該学級の児童は，昨年度からの同じメンバーで，学級担任だけが変わった。
・前年度の学級担任は，途中交代している。はじめは40代前半の女性だったが，1学期の後半から男子が言うことを聞かなくなり，その反抗的な態度に精神的に追い詰められて病気休職に入った。2学期以降，20代男性教員が担任として入り，強い口調で抑えつけようとしたが，うまくいかず，教師への反発や自己中心的な言動はさらに広がった。荒れを抑えることができずに，保護者会でも批判が出て，3月末に異動した。
・児童に，前年度の経験が原因と思われる，教師不信の傾向や学級集団への帰属意識の低さがうかがえる。
・一部の男子の勝手な行動に同調する児童や，よくないと思いつつも怖さのために指摘できず我慢している児童がいて，民主的な雰囲気は見られない。

どんな人間関係が見られるか
・自己中心的で，負けず嫌いの雅人（A）が学級の雰囲気をつくっている。自分がヒーローで自分に注目が集まっていないと機嫌が悪い。自分のことはさておき，周囲の失敗や落ち度は厳しく追及する。教師に対しても公然と反抗する。
・雄大（B），遼太郎（C），琉生（D）等，雅人と同じグループにいて，教師への反抗，不従順な態度をとる男子児童がいる。
・直人（E），渉（F），結菜（G），優那（H）は，正当なリーダーになれる力量はあるが，半ばあきらめており，ふざけている男子がいても注意することをしない。
・大輝（I）と優斗（J）はADHDと診断されている。大輝は知的にもやや遅れが見られ，雅人たちのグループと一緒に行動している。優斗は多動，多弁で自分の動きが止められない。周囲から「静かにしろ！」と注意されることが多く，二次障害を負っている。
・蘭（K）は，広汎性発達障害の診断を受けており，知的にも遅れが見られる。男子グループから，軽く見られたり，からかわれたりして泣くことがある。

こう動いた！▶▶▶　　　　　　　　　　　　　　　教示的リーダーシップ　説得的リーダーシップ

よいこと，悪いことを学級担任がその場でジャッジして示す

　自分勝手に振る舞い，逸脱を楽しんでいる一部の男子を見て見ぬふりをしていては，不適切な行動が増長するばかりである。「それがよくない行為であり，周囲は迷惑している，きみたちは少数派なのだ」ということをわからせたい。

　児童同士で注意し合える学級集団に育てたいが，現状では児童たちの不安を高める可能性が高いため不可能である。まずは，学級担任がよい行動と悪い行動をその場で指摘してジャッジし，学級のなかの正義の芽を育てたい。善悪の判断を教示的に示すことにより，学級担任が正義を牽引するリーダーとなる。また，よくない行動ばかりを指摘せず，よい行動や正当な行動は取り上げて認めることで教師との二者関係を築いていく。

ルール確立はこうした！

❶ 学級担任が所信表明をする。「他人を傷つけるような態度や言葉には厳しく対応する。仲間を大切にして，何事にも一生懸命に取り組む人になってほしい。先生が怒るときは，次の3つ。①平気で人を傷つけたとき，②できるのにやらないとき，③2回注意されても直そうとしないとき」を伝える。

❷ 1つ1つの行動に対し，即時にその場で「それは，よくない。なぜなら（理由）だからだ。（望ましい行動を示し）こういう行動をとるようにしてほしい」と，ジャッジする。よい行動が見られたときにも同様に，即時に取り上げ，なぜよいのかという理由と，こうなってほしいという願いを伝える。反発されても，声は荒げずに説諭する。

❸ 「どんな学級にしていきたいか」を学級の全員に紙に書かせ，学級担任が集計して発表する。学級目標は児童たちの願いを酌んで学級担任が提案する。その後，達成のためのルールを紙に書かせ，集計して上位3つを提示する。そして毎朝，「みんなの願い，差別やいじめのないクラス」と全員で唱える。

❹ 役割や手順の確認をする。確認できたことは，すべて書いて掲示する。掃除，給食の当番活動，学習態度については毎日，振り返りを行う。

❺ 児童ができていないことをそのままにさせない。理由とめざす姿を伝えて，やり直しをさせる。そして，できたときには具体的な行動をほめ，「次は1回でできるようにしてほしい」と伝える。

リレーション形成はこうした！

❶ 二者関係の構築を目的として，学級の児童全員と交換日記をする。児童が「今日の出来事と思ったこと」を書き，それに対して学級担任が共感や支持のコメントを返す。全員に書かせるために，「5分間日記」と題して，帰りの会に位置づける。学級担任はコメントを通じて児童一人一人の思いに寄り添い，感情を支持する。

❷ 児童のよい行動については，学級通信を1日おきの頻度で発行し，そのなかで実名で紹介する。なぜ，その行動がよいのかがわかるように記述し，よい行動が増えて

> **事例1** 自己中心的な児童を民主的リーダーに成長させた学級

いってほしいと伝える。特に，学級全体に影響力の強かった男子グループを中心に，ささいな点でもよい行動を取り上げて紹介する。
❸他児童へのいじめやからかいを物理的に遮断するため，授業に遅れないよう教室に戻らせるため，学級担任は，休み時間は，雅人たちのグループと一緒に遊ぶ。

リーダー，フォロワー育成はこうした！
❶学級担任は，児童の正当な言動を支持し，価値づける。
❷学級の公的リーダーは，「この人にやってほしい，この人なら任せられる」という基準での推薦投票により決める。学級担任は，公的リーダーを支える。
❸周囲から正当な評価を受けるような成功体験に導くことをねらって，私的リーダーに，公的リーダーとしての役割を与える。

学級はこうなった！ ▶▶▶ 混沌・緊張 ▶ 小集団 ▶ 中集団 ▶ 全体集団 自治的集団

多くの児童がルールに従って行動し始めた

年度当初は，正当に発言する児童がからかわれたり，ばかにされるなど学級内での安全が保障されないために，周囲の児童は萎縮し，よい，悪い，の判断が正当にできる状態ではなかった。

学級通信に担任の願いや児童たちの姿を中心に掲載したところ，児童，保護者，ほかの教師が関心をもつようになった。情報を共有したことにより，自分勝手な振る舞いが抑制され，前向きな姿が見られるようになった。

休み時間には，雅人たちのグループを外に連れ出し，サッカーをして遊んだ。他児童へのいじめやからかいを物理的に遮断する目的，授業に遅れずに戻らせる目的で始めたが，男子グループとの関係づくりに役立った。

6月に入ると，自己中心的な男子グループの反発も収まり，学級担任の指示に従う雰囲気が生まれてきた。自由に発言できる雰囲気にはまだ遠いが，6月の終わりには，いじめやトラブルはほぼ見られなくなってきた。生活班や学習班は短いスパンでメンバーを代え，スキルを教えつつ交流させるようにした。

おもなリーダー，フォロワー
・雅人は，態度が悪く，素直でなかったが，学習面でも運動面でも能力が高く，認められる部分もたくさんもっていた。注意叱責ではなく説諭，よい行動・正当な行動を評価したことによって，ほかの教師，友達，親からも公的な活躍を認められることが多くなっていった。思い通りにいかないときは威圧的に友達を責めることもあったが，笑顔と素直さが見られるようになってきた。
・優斗に対する挑発やからかいは，6月以降ほとんど見られなくなったが，優斗とのかかわりを避けるような雰囲気は依然として残っており，グループに入れずに残ってしまうこともあった。
・大輝は，授業中も雅人たちと一緒にふざけたり，友達をからかったりしていたが，みんなが座って静かに授業を受けるようになってくるに従って落ち着くようになっ

た。同時に，学習に苦戦する様子が際立つようになった。

1学期の学級集団の状態（5月）

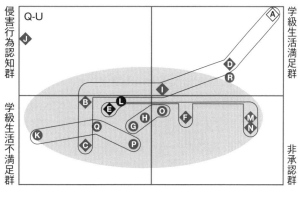

■**学級の公的リーダーの児童生徒**
【男子】Ｅ（直人）：正義感，責任感が強い。「生意気だ」と，Ａ（雅人）のグループからいじめられている。
【女子】Ｌ：バスケットボールチームのキャプテンとしてがんばっているが，学級内でリーダーシップを発揮しようとしない。半ばあきらめている。

■**学級で影響力の大きい，陰で仕切るような児童生徒**
【男子】Ａ（雅人）：自己中心的な男子グループのリーダー格。能力は高いが，反抗的で学級担任の指示に従おうとしない。口調も荒く，自己主張も強いので周囲の児童は文句を言えない。
【女子】該当なし。

■**態度や行動が気になる児童生徒**
【男子】Ｊ（優斗）：ADHDの診断。多動，多弁で落ち着きがない。5年時には，男子グループにからかわれて，キレるのをおもしろがられていた。
Ｉ（大輝）：ADHD傾向。知的にもやや遅れがあり，Ａ（雅人）たちのグループについているが，対等な関係ではない。命令されたり，利用されたりする。
Ｃ（遼太郎）：Ａ（雅人）たちのグループにいるが，グループ内での地位は低く，軽く見られているが，グループを離れない。
【女子】Ｋ（蘭）：広汎性発達障害の診断。知的にもやや低い。コミュニケーションが苦手で，無口。

■**プロットの位置が教師の日常観察からは疑問に感じられる児童生徒**
【男子】Ｉ（大輝）：学習面，生活面ともに注意されることも多かったが，満足群にいる。
【女子】該当なし。

■**学級内の小グループを形成する児童生徒**
【男子】Ａ（雅人），Ｂ（雄大），Ｄ（琉生），Ｉ（大輝），Ｃ（遼太郎）：自分勝手な振る舞いをし，注意した学級担任に反抗的な態度をとる。
Ｅ（直人），Ｆ（渉），Ｍ，Ｎ：本当はしっかりやりたいと思っているが，黙っている。
【女子】Ｇ（結菜），Ｈ（優那），Ｏ：明るく元気で，男子のからかいにも言い返すことができるが，学級全体への働きかけはしない。
Ｋ（蘭），Ｐ，Ｑ：無口でおとなしい。3人でいつも一緒にいて，休み時間には低学年の教室で遊ぶことが多い。

■**4群にプロットされた児童生徒に共通する特徴**
【満足群】自分勝手な振る舞いをしている児童と学級にあまり関心がなく，マイペース。
【非承認群】真面目でおとなしい。本当はしっかりやりたいと思っている。
【侵害行為認知群】場の雰囲気にそぐわない言動が目立ち，周囲から指摘されることが多い。
【不満足群】正当な発言を聞き入れてもらえないのであきらめた児童や，孤立傾向にあるおとなしい児童がいる。

■**学級の様子と問題と感じていること**
・一部の男子の自分勝手な振る舞いをだれも注意できず，かかわらないように避けている。
・学級全体で行動することができない。学級に，集団としてのまとまりはないと感じる。

事例1 自己中心的な児童を民主的リーダーに成長させた学級

2学期

混沌・緊張 ▶ **小集団** ▶ **中集団** ▶ **全体集団** ▶ 自治的集団

正義を大切にする児童が増え，正当な学級世論が形成されてきた

■**Keyword**：正当な学級世論の形成／リーダー役割・フォロワー役割の体験

1 学期を振り返って

男子グループのルール逸脱や侵害行為が減少した。しかし，学級担任がその場にいるときはよいが，児童だけの活動やほかの教師がする授業では，いい加減さが目立った。

多くの児童はルールに従った行動をとれるようになったが，自分勝手な行動やいい加減な行動をとる児童に対して指摘できるところまでにはいたっていない。自分のことはしっかりやっていても，学級全体のことに対して，周囲に呼びかけるようなリーダーシップを発揮できる児童はまだいなかった。5年生のときに，児童会役員に立候補し，勇気を出して雅人（A）たちを注意した直人（E）が，その後，いじめられていることをみんなわかっていたからである。勇気を出して正当な意見を言った児童が孤立することなく，周囲の児童が正当な考えを支持し，それが学級の主流になるように，正義をエンパワーメントする必要があった。

私的リーダーの雅人は，4年生までは公的リーダーとして活躍していたことを知った。5年時にも「児童会役員をやりたい」と立候補者の意思を表明したが，学級の支持は，直人に集まり，立候補を断念したという経緯があった。「みんなから認められたい」という気持ちが強く，本当は正当な場面での評価を求めているのではないか，と考えた。

考えられる対策

①**注目されたい欲求が強い私的リーダーが，正当な場面で評価されるような役割を用意する**

1学期は市内の球技大会で，強豪のサッカーチームに所属し運動が得意な雅人を指名してチームリーダーの役割を任せ，公的リーダーとしての成功体験になるように，学級担任が適宜サポートしながら活動させた。また，学級全体に対して「リーダーを支える」というフォロワーの役割について知らせ，練習の後には，それぞれの役割が果たせたかどうかを振り返る時間を設けた。大会後には「いいとこ探し」のエクササイズを行い，児童たちが相互に認め合える機会を設定した。

2学期も運動会などの学校行事の取組みを活用して，雅人がさらに公的な場面で活躍できるようにお膳立てをしていく。また，学級全体に対して，フォロワーの役割についてこれまで以上に浸透させていきたい。

②**多くの児童にリーダー役割を体験させ，成功体験を積ませる**

いままでリーダー経験のない児童にもリーダーとしての役割を教え，成功した喜びを体験させる場面として，行事を活用する。

これまでリーダーの経験がない児童もリーダーに抜擢し，学級集団への参加意識を高めるために，リーダーとして正当な意見を述べ，望ましい活動を自ら積極的に行う

ことが，学級の活動を活性化させることを体験を通してわからせる。

こう動いた！ ▶▶▶　　　　　　　　　　　　　　　説得的リーダーシップ　参加的リーダーシップ

できるだけ多くの児童にリーダーの役割を体験させる

　いい加減さは見られることもあるが，自分勝手な男子グループは解体し，学級担任への反発もなくなった。学級内で自分の思いや考えを表明しても危険はないことがわかると，役割に立候補したり，自分でよいと思ったことは積極的に実践したりできる児童も現れてくるだろう。

　そこで，運動会，音楽会，修学旅行など行事の多い2学期は，役割を多く設定し，できるだけ多くの児童にリーダーの役割を体験させる。

　また，セリフの準備，リハーサルを行い成功体験へと導くことも必要である。

　チームとしての活動を意識させ，チームの活動の成功には，リーダーとそれを支えるフォロワーがそれぞれに役割を果たす必要があることを体験的に理解させる。

ルール確立はこうした！

❶一部の児童の意見によって学級全体の方向性が決まっていくことを避けるために，できるだけ全員に発言をさせる。児童数が少ない学級なので可能である。

リレーション形成はこうした！

❶児童の認め合い活動を行う。チームで活動した後には同じチームのメンバー全員に，がんばっていたところを具体的に付箋紙に書いて交換し合う。

❷チームや班で協力して与えられた課題に向かう協同学習を，授業のなかに頻繁に取り入れる。関係を良好にするスキルを教える。

リーダー，フォロワー育成はこうした！

❶2学期のはじめ，学級の児童全員が何らかのリーダーとなることを指示しておく。1学期とは違う人にリーダーを務めさせる。学級委員を決めるときに実行委員や班長，チームリーダーなどの役割も同時に決める。

❷学級の公的リーダーの選出は立候補制にする。「もっとよい学級にしていきたい」という気持ちが強い人を選びたいと伝え，ミニ演説会を行う。「この人の指示や呼びかけには協力できる，この人のフォロワーになりたい」という人を選出するように話す。

❸児童たちが動きやすくなるように，役割を決める際は，仕事の中身を明確にする。運動会，修学旅行，音楽会の実行委員，種目リーダー，見学班班長，学習リーダー，清掃リーダー等，それぞれ仕事の内容と時期を説明する。

❹リーダーの役割を「先に大盛り」という合言葉で示す。①先にお手本となる行動をする，②大きな声で指示を出す，③盛り上げる。活動の後には，リーダーの3つの役割が果たせたか振り返る。

❺それぞれのリーダーの動きがわかるように，朝の会では「みんなに伝えたいこと」のコーナーを設け，リーダーに活動の予定や協力の呼びかけについて発言させる。

❻リーダーをやってよかったと思わせる。リーダーとしての役割活動を成功に導くために，リーダーとして必要なセリフや集団活動を展開するスキルについてリハーサルを通して教える。リーダーのがんばっていたところをほかの児童から言わせる。

❼児童の自信を深め，主体的にかかわろうとする態度を形成するために，学級での活動の後には，必ず，同じグループでがんばっていた友達とプラスのメッセージを送り合う。また，自分の成長した部分はどこかを考えさせる。各行事の後には，「友達発見！　自分発見」の活動を必ず行って，ワークシートを掲示する。

❽全員にフォロワーとしての役割があることを自覚させるために，活動に入る前には役割分担と仕事の内容をみんなで確認し，リーダー以外の児童にも「自分のめあて」をもたせる。チームのために自分が貢献できることは何かを考えさせて，「チームのためにわたしががんばること」を書かせる。活動後には，必ず振り返りの時間をとり，「次へのめあて」を決めさせる。

学級はこうなった！ ▶▶▶　混沌・緊張 ▶ 小集団 ▶ 中集団 ▶ 全体集団　自治的集団

学級の活動に関心をもって参加するようになった

　私的リーダーの雅人がチームリーダーとなった球技大会では，雅人のかけ声にチームがまとまり，他校に圧勝した。これまで，まとまって行動することがなかった児童たちが，力を合わせることの楽しさを感じた瞬間だった。学級のみんなからプラスのメッセージを受けたことで，もち前のリーダー性はあっても正当にその力を発揮できなかった雅人が，学級での活動場面で前向きな姿勢で取り組むようになっていった。雅人の態度が変化したことを契機に，学級内の児童に安全感・安心感がもたらされるようになった。

　児童たちそれぞれが学級活動にかかわりをもつようになり，成功体験に自信をもつとさらに積極的に学級活動に参加しようとする姿が見られるようになってきた。全員にリーダーの役割を経験させたことで，学級活動への参加意識を高めることができた。

おもなリーダー，フォロワー

・渉（F）や直人のように真面目で前向きに努力する児童が，公的リーダーに立候補することができるようになり，明るく元気になった。2学期の終わりには，いつも雅人や雄大（B）と一緒にいた遼太郎（C）とも一緒に遊ぶようになるなど，グループの閉鎖性がなくなってきた。

・優斗（J）は，運動会で応援団長に立候補し，もち前の大声で自分たちのチームの応援を牽引し，大活躍した。みんなから，がんばり賞をもらい，表情がほころんだ。その後，学習にも学級活動にも積極的になってきた。

・結菜（G），優那（H）たちの学級活動へのかかわりが積極的になり，直人たちと一緒に学級の主流となって活動するようになった。9人の女子は，ほぼ1つにまとまって活動できるようになった。

2学期の学級集団の状態（10月）

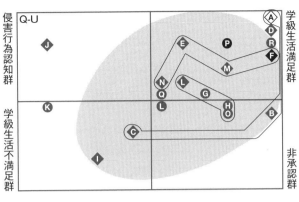

■学級の公的リーダーの児童生徒
【男子】F（渉）：E（直人）に協力し，サポートする役割を担っていたが，2学期の学級委員に立候補し，選出された。
【女子】P（恵子）：明るく，前向きで人の悪口は言わない。能力は高いほうではないが努力家である。学級員に立候補し，選出された。

■学級で影響力の大きい，陰で仕切るような児童生徒
【男子】A（雅人）：不機嫌さを顔に出すため，周囲は気を使うが，球技大会のチームリーダーを経験し，認められたことが契機となり，正当な活躍が目立つ。
【女子】該当なし。

■態度や行動が気になる児童生徒
【男子】J（優斗）：多動，多弁の症状が徐々に治まり，穏やかな表情になってきている。
I（大輝）：A（雅人）たちのグループから離れ，威張るような態度はとらなくなった。学習意欲が低い。
C（遼太郎）：家庭の事情があり，両親と離れて祖父母の家から通っている。いつも，A（雅人）と一緒にいたが，E（直人）やF（渉）たちとも一緒に遊ぶようになった
【女子】K（蘭）：友達に話しかけることを課題にして努力し，H（優那）やRとも仲よくなった。

■プロットの位置が教師の日常観察からは疑問に感じられる児童生徒
【男子】該当なし。
【女子】該当なし。

■学級内の小グループを形成する児童生徒
【男子】A（雅人），B（雄大），C（遼太郎）：一緒にいると，騒がしくなる。注意されると，多少ふてくされるが，逸脱や反抗はなくなった。閉鎖グループではなく，他児童とのかかわりも生まれている。
E（直人），F（渉），M，N：活躍の場があり，明るく元気になってきた。E（直人）は周囲から支持されるようになり，元気になってきた。A（雅人）のグループからいじめられることもほとんどなくなった。
【女子】G（結菜），H（優那），O，L：学級活動へのかかわりが積極的になり，E（直人）たちと一緒に学級の主流となってきている。9人の女子は，ほぼ1つにまとまれるようになった。

■4群にプロットされた児童生徒に共通する特徴
【満足群】学級活動に前向きに参加している。
【非承認群】学級の活動にかかわろうとしている児童と学習に自信のない児童がいる。
【侵害行為認知群】場の雰囲気にそぐわない言動が目立ち，周囲から指摘されることが多い。
【不満足群】家庭の事情を抱えた児童と自分から人にかかわることが苦手な児童がいる。

■学級の様子と問題と感じていること
・安全感が確保され，学級活動に自分なりにかかわろうとする児童が増えた。学級担任がいれば学級全体で行動することができるようになってきた。
・まだ，学級内に緊張感があり，やわらかく楽しい雰囲気に欠ける。学習や生活の場面で意図的にかかわり合いをつくり，児童相互のリレーションを形成していく必要があると感じる。

事例1 自己中心的な児童を民主的リーダーに成長させた学級

3学期

混沌・緊張 ▶ 小集団 ▶ 中集団 ▶ **全体集団** **自治的集団**

言いたいことを言い合える民主的な雰囲気が醸成されてきた

■**Keyword**：自治的な活動の芽生えと葛藤／児童同士の支え合い，高め合い

2学期を振り返って

　取組みの最中や後で，認め合いを行ったことで児童同士の相互理解が促され，学級内のリレーション形成が進んだ。男女での協力も自然にできるようになり，言いたいことが言える民主的な雰囲気が醸成されてきた。

　そのいっぽうで，リーダーの指示通りにすんなりと事が運ばない場面も見られるようになってきた。陸上記録会のリレー種目のリーダーは，直人（E）がしていたが，全員のやる気や体調を考えて練習メニューを調整していた直人のやり方が気に入らない，もっとハードに練習しないと負けてしまうと雅人（A）が食ってかかり，以前からの因縁もあり，つかみ合いのけんかに発展した。話を聞くと，どちらもチームのことを考えており，冷静に自分の考えを伝え合うことで，折り合える点を見つけることができた。結果，2人の協力によりチームはまとまり，満足できる成績を上げることができた。

　これまでは，リーダーが提案・指示し，フォロワーはリーダーに協力して活動がうまくいくようにするという役割を強調してきたため，すんなりと活動が進み，リーダーは気持ちよくその役割を果たすことができていた。しかし，よりよい活動とは，決してすんなりとうまく進むことではなく，メンバー同士がアイデアを突き合わせ，練り合わせてこそ生まれるのではないかと思われる。だれもが自分の意見を言えるいま現在の学級の状態であれば，そのような活動を自分たちでつくり上げられるのではないかと考えた。

考えられる対策

①活動をして気づいたことを改善点として提案させる

　これまで，活動後の振り返りの時間は，がんばっていたところを認め合うことに主眼をおいていた。それに加えて，「もっとこうすればよい」という改善の視点を提案する場面を設ける。それにより，子どもたちが自分たちの問題に気づき，自分たちでよりよい活動をつくっていこうとする自治的な活動の芽生えを促していく。

②建設的な話し合いの仕方を定着させる

　リーダーの提案・指示を受けて，話し合いが黙ってスムーズに進行することよりも，多くの考えを検討して得られる決定のほうがはるかに価値が高いことを知らせ，話し合いの仕方，意見の出し方，決定の仕方など，型を示して，それにそって発言できるように指導する。はじめのうちは学級担任が提示した型にそって話し合わせるが，しだいに型にとらわれず，話し合えるようになっていくと考えられる。

こう動いた！▶▶▶　　　　　　　　　　　　　　　　　　　　　委任的リーダーシップ
学級でのさまざまな活動は，自分たちで話し合わせ，計画させ，実行させる

　自分のことだけでなく，班や学級のことにも意識をめぐらせて「こうしよう」と声をかける児童や，役割にとらわれず，よいと思うことをだれに言われるともなく，自然なかたちで実践できる児童が増えてきた。そのため，学校での生活や卒業に向けての活動について，学級担任はあえて主導せず，児童の主体的な活動となるように補佐しつつ，児童たちの自治的な力を育てていく。

　そこで，児童の願いや気づきを出発点にして，自分たちでチームを編成し，リーダーを選出して活動を行わせる。学級担任はさりげなくそばにいて観察し，児童の自発的，自主的な動きを見取り，取り上げて価値づける。また，情報提供，アドバイス，用具の準備等，補佐的にかかわる。

ルール確立はこうした！
❶自分のことだけでなく，グループや全体のことを考えて行動できていることを価値づけるために，そのように行動できている児童を取り上げて紹介する。
❷「生活の見直し」「係活動の見直し」の時間を設定し，改善のための話し合いをさせ，自分たちで目標を設定し，取り組ませる。話し合いでは，スムーズに進むことよりも考えを練り上げることを意識させる。
❸学級担任が前面に出ないで，リーダーを通じての間接指導を心がける。
❹学級担任は，全体のことを考えた言動や，仲間を支える言動があったときには，全体の場で紹介して価値づけることができるように，児童たちの様子を観察する。

リレーション形成はこうした！
❶卒業により友達と別れる寂しさや中学校進学への不安を児童同士で支え合うために，悩みや不安を共有できる機会を設定する。自分たちの成長に気づけるような場や，中学生になる不安や期待を自己開示する場として，「6年間の思い出ビンゴ」や「私の大切にしているものビンゴ」「わたしに影響を与えた人」「中学校生活，心配ランキング，楽しみランキング」「わたしを支えてくれている人ウェビングマップ」などの自己開示を伴うグループアプローチを行う。
❷自分たちの成長を確かめ合うとともに仲間に対する感謝の気持ちをもたせるために，共通の思い出を振り返る。
❸児童同士のサポートし合える関係づくりが促進されるように，活動の後に，グループごとによかった点と改善すべき点を伝え合う。

リーダー，フォロワー育成はこうした！
❶アルバム編集，呼びかけ，卒業制作，歌声，感謝の会等，卒業に向けてのプロジェクトチームをつくり，全員をどれかに所属させる。チームごとにリーダーとサブリーダーを決めさせる。公的リーダーは立候補を募って決めることとして，能力はあるのにこれまで出てこなかった児童には，「やってみないか」と事前に誘いの声をかけておく。

> **事例1** 自己中心的な児童を民主的リーダーに成長させた学級

❷仕事の概要は学級担任から伝えるが,内容や方法は自分たちで話し合って,納得できるものに決めさせる。
❸フォロワーシップの向上を図り,従うだけのフォロワーで満足するのではなく,改善の意見を提出して一緒につくり上げるフォロワーをめざすように伝える。
❹学級担任は,活動の進捗状況やリーダーの抱える悩みを把握するために,リーダーと話をする時間をとる。
❺リーダーとしてのよい姿,フォロワーとしてのよい姿を見逃がさず,価値づける。

学級はこうなった！ ▶▶▶ 混沌・緊張 ▶ 小集団 ▶ 中集団 ▶ **全体集団** **自治的集団**

前向きな提案に,すぐさま協力的に反応し,意欲の高まりが感じられる

　学級内にリレーションが形成され,構えのない,楽しくあたたかな学級の雰囲気が醸成されてきた。男子も女子も一緒になって楽しくおしゃべりする姿が見られるようになった。ときに,おしゃべりが盛り上がり,大きな声になってしまうこともあったが,学級担任がそのことを注意する以外は,ほとんど自分たちで声をかけ合って,ルールにそった行動をとることができた。

　欠席した児童や忙しくしている児童がいると,サポートする言葉や行動をとる児童が現れ,係活動や当番活動に穴があくことはなかった。また,卒業に向けた実行委員体制も,リーダーが声をかけて自主的に集まり,話し合いを進めるようになった。

　児童のよい姿については,学級通信に掲載した。それによって,児童たちはどういう行動をとればよいのかをはっきりと理解し,紹介後には同じような行動をとる児童が多く見られるようになり,自主的な活動がさらに活性化した。

　「自分たちで創る卒業式」をテーマに学年で取り組んだ卒業プロジェクトチームでの活動に,2組の児童は積極的に立候補してリーダーやサブリーダーとなった。リーダーが集合をかけ,自主的に話し合いの時間をもち,納得いくように話し合い,決定事項は朝の会に全体に伝えていた。その成長に感心してしまうほど,自主的な動きとなっていた。

　卒業が迫るにつれて,グループワークの振り返りで,「支え合える仲間が一緒にいることを心強く感じた」と感想を述べる子が大勢おり,しっとりと思いを聞き合う姿を見て,児童同士のリレーションが深まったことが感じられた。

おもなリーダー,フォロワー

・雅人（A）は,影響力のある公的リーダーとなった。みんなをリードし,活動を盛り上げた。リーダーとしての力を,小学校生活最後の学期で存分に発揮し,周囲から支持されるとますます張りきった。
・結菜（G）は,これまで表に出てこなかったが,明るく,活発で,能力も高い。「やってみないか」と声をかけると,すんなりと立候補した。新しいアイデアをどんどん提案し,みんなから承認されると張りきって活動した。
・大輝は,学習で苦戦することが多かったが,各教科で小学校の復習の内容に入ると,

できる子たちが交代で学習をサポートし，「先生よりわかりやすい，ありがとう」と笑顔でお礼を伝えた。

3学期の学級集団の状態（2月）

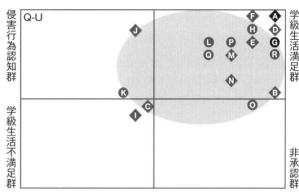

■学級の公的リーダーの児童生徒
【男子】Ⓐ(雅人)：運動が好き。みんなを盛り上げてリードする。影響力のある公的リーダー。立候補し，満場一致で選出された。
【女子】Ⓖ(結菜)：明るく，活発で，ピアノがうまい。リーダー性もあり，能力も高い。立候補し，満場一致で選出された。
■学級で影響力の大きい，陰で仕切るような児童生徒
【男子】該当なし。
【女子】該当なし。
■態度や行動が気になる児童生徒
【男子】Ⓙ(優斗)：不安なことがあると多弁になる。声をかけると，気がついて修正することができるようになった。周囲が理解して対応するようになったので，以前に比べて落ち着いて行動できるようになった。
Ⓘ(大輝)：集中がむずかしく，苦手な学習もあるが，あきらめずに自分の力でやろうと努力するようになった。
Ⓒ(遼太郎)：「どうせオレなんか」とよく言い，ふてくされる。両親が離婚し，母親と会えない寂しさがあるのではないか。
【女子】Ⓚ(蘭)は，無口でおとなしいが，多くの友達に話しかけようと努力している。友達の声かけに笑顔で反応し，一緒に行動することができるようになった。

■プロットの位置が教師の日常観察からは疑問に感じられる児童生徒
【男子】該当なし。
【女子】該当なし。
■学級内の小グループを形成する児童生徒
【男子】該当なし。
【女子】該当なし。
■4群にプロットされた児童生徒に共通する特徴
【満足群】 学級活動に積極的に参加している。
【非承認群】学級の活動にはかかわるが学習に自信がない。
【侵害行為認知群】人とのかかわりを苦手とする傾向があるが，周囲に配慮して自分を変えようと努力している。
【不満群】個別の事情を抱えた児童だが，笑顔が増えた。
■学級の様子と問題と感じていること
・やわらかく，楽しい学級雰囲気に変化し，児童の活動も活性化してきたのを感じる。活動に際しては，児童同士で励まし合い，協力し合える関係ができてきた。
・これから，互いに自分の意見を適切に伝え合いながら，高め合う，自治的な集団の形成をめざしていく。
・個別に配慮して対応したほうがよい児童に，まだ十分対応ができていないと感じる。学習面や心理面でのサポートを見直していく必要がある。

事例1 自己中心的な児童を民主的リーダーに成長させた学級

おわりに

1年間を振り返って

　赴任したての学校で6年生の担任を任された。受けもったのは，前年度に学級が崩れ，そのなかでお互いに傷つけ合うようなつらい経験をしてきている児童たちであった。出会った初日から，学級内では，男子グループがほかの児童の足をかけて転ばせて笑い合っていた。完全ないじめである。前に立った学級担任に対してそっぽを向いてけらけらと笑う姿に，教員への根深い不信感があることを感じた。「この学級，大丈夫なのだろうか」というのが最初の印象である。

　「苦しいのはこの子たち」─どんなにネガティブな反応をされても，そう自分に語りかけて児童たちと向き合った。大変だったが，1年間ずっと大変だったわけではない。いま振り返れば，1学期が一番大変で，あとはどんどん楽しくなっていった。

　1学期は，児童たちの行動を「正しことは正しい，悪いことは悪い」ときわめて公正に，そして毅然とジャッジし続けた。嫌われても，反抗されても同じように，ジャッジし，その理由を，学級担任の願いとともに説諭した。できないことは，何度も繰り返させて，できるようにさせ，ほめて終わるように心がけた。同時に，児童たちを認めることも怠らないようにした。

　「すべての子どもは認められたがっている」─影響力のきわめて強い私的リーダーも同じである。正当な言動を見逃さず認めることで，公的な場で活躍するようになった。球技大会が大きな転換期となり，学級内に安全と安心を取り戻すことができた。

　2学期は，学級活動に「われ関せず」という態度ではなく，すべての児童の学級集団への参加意識を高めたかった。できるだけ，多くの児童にリーダーを経験させ，同時にフォロワーという重要な役割があることも教えた。リーダー体験が，成功体験となるように，事前のサポートは手を抜かなかった。必要があれば，セリフ台本を用意し，リハーサルも繰り返すなど，どのようにすればうまくいくのか，スキルとして教えていった。成功して，周囲から認められると児童たちの表情に自信と笑顔が見られるようになり，学級活動への参加意識が高まるのを感じた。

　3学期は，児童にとっても教師にとっても楽しい毎日だった。児童たちが，建設的な話し合いの仕方を身につけ，自分たちで発案し，仲間とつながり合って，自分たちで計画したことを，自分たちで実行して，手を取り合って喜んでいる姿を，そばにいてほほ笑みながら見ているのは，教師冥利に尽きる。日々の変化は，1枚の紙を重ねていくようなわずかな変化で気づかない。しかし，目の前の児童たちを見つめて繰り出す一手は，小さいけれど確実に児童たちをよい方向に向かわせるのだと確信した。

　正直なところ，ここまで児童たちが自治的に，主体的に動ける学級集団ができるとは思ってはいなかった。うれしい誤算であった。

コラム　学級担任のリーダーシップスタイルとは

　教育現場の問題は複雑多様であり，①児童生徒の実態や学級集団の状態と，②学級担任がとっている対応の仕方，の２つの相性が悪いために，教育実践の成果が上がらないことも珍しくありません。いつ，どんな対応が功を奏すかは千差万別と言えますが，以下の目安を抑えておくと，①と②の相性を高める手がかりが得やすくなります（参考文献：『タイプ別学級育成プログラム』図書文化）。

1. 学級内の児童生徒の意欲が全体的に低く，学級集団のまとまりが弱いとき
「教示的」リーダーシップスタイルを取り入れる

- 指導　活動させる前に，人とのかかわりと学級集団のルールを，具体的に１つずつ教え，やり方・行動の仕方も学級担任がモデルを示してから取り組ませる。望ましくない行動には，叱らずにやり方を最初から個別に教える。
- 援助　不適応にならないように親和的・受容的に個別に対応する。

2. 学級内の児童生徒の意欲が全体的にやや低く，学級集団のまとまりがやや弱いとき
「説得的」リーダーシップスタイルを取り入れる

- 指導　活動させる前に，ルールと望ましい行動の在り方を具体的に説明してから取り組ませる。望ましくない行動には，叱らずにその是非を説明し，望ましい行動を取るように説得する。
- 援助　不適応にならないように親和的・受容的に個別に対応する。望ましい行動には，積極的にほめるなどの強化をする。

3. 学級内の児童生徒の意欲が全体的にやや高く，学級集団のまとまりがやや強いとき
「参加的」リーダーシップスタイルを取り入れる

- 指導　活動させる前に，最低限のルールを確認してから取り組ませる。望ましくない行動には，簡潔にその行動を注意する。
- 援助　より承認欲求を満たすように親和的・受容的に対応する。望ましい行動には，積極的にほめるなどの強化を全体にする。

4. 学級内の児童生徒の意欲が全体的に高く，学級集団のまとまりが強いとき
「委任的」リーダーシップスタイルを取り入れる

- 指導　活動させる前に，自分たちでルールを確認させてから取り組ませる。望ましくない行動には，最後に注意する。
- 援助　より承認欲求を満たすように親和的・受容的に対応する。望ましい行動には，ほめるなどの強化を最後に全体にする。

ダイジェスト
リーダー役割の「見える

学級集団はこう変化した！

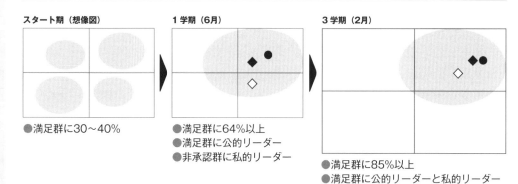

- 満足群に30〜40％

- 満足群に64％以上
- 満足群に公的リーダー
- 非承認群に私的リーダー

- 満足群に85％以上
- 満足群に公的リーダーと私的リーダー

　中学年でいじめや荒れを経験しており，他者に対する固定観念が強い児童たちに対して，リーダーやフォロワーのあり方について学級開き当初から投げかけ，協力できるような体制を構築していった6学年の実践である。最終的には学級担任が最小限のアドバイスをするだけで学級の話し合いができるようになるなど，自治的集団に成長した。学級開き当初からの，先を見据えた計画的かつ先手の対応に学ぶ点が多い事例である。

● 学級担任のおもな特徴
50代前半の女性。

どのように学級経営を進めたいか？
- 児童に「学びの楽しさ」を味わってほしいと強く思っている。教科学習での児童のつながりを意識し「互いが学びを深めることのできる授業」を学級づくりの柱にしている。
- 受けもち学級を，「学年末にどんな姿にしたいのか」を描き，「現在していることは次学年の何につながるのか」を考えながら学級経営に取り組む。「先を見据えた学力の育成・学級づくり」を意識している。
- 学級を「一人一人がほっとできる場，あったかくなれる場」にしたい。そのような学級のなかで，児童一人一人に「自分のよさ」を発見していってほしいと思う。

どのようにリーダーを育てたいか？
- 特定の児童にのみリーダーを任せるのではなく，年間を通してさまざまなリーダー役をできるだけ多くの児童に経験させたいと考えている。すべての児童に，自分のもち味に気づいて自分に合った役割を選択してほしい。また，サポート役も全員に経験させたい。
- リーダーに対するバックアップ体制をつくる。サポート役の経験を通して，「感謝の気持ち」や「サポートのありがたさ」が芽生えてくると考える。
- 高学年の児童とは1年間を見通す作業を共有することが重要と考える。つまり，「1年間にどんな行事があり，自分はどこで貢献できるのか」を考えさせ，「学級全員が集う場で，児童の側から『役割に伴う6年生としての責任』を出し合い，みんなで確認させる」ことを意図的に行う必要があると思う。

「化」で急成長した学級

学級担任はリーダーシップをこう切りかえた！

1学期
| 混沌・緊張 ▶ | 小集団 ▶ | 中集団 ▶ | 全体集団 | 自治的集団 |

学級内の人間関係が閉鎖的で集団としてのまとまりが感じられない

おもな活動：●学級開き　　　　　　　　　　　　　　　　　▶P48〜51

こう動いた ▶▶▶「学級の全員が必ずリーダーを経験する」という意識をもたせる

「自分も責任ある役割を遂行するのだ」という緊張感と当事者意識を喚起する働きかけを重視した。そこで，学級開始時に，「卒業までに全員が"責任ある仕事"のリーダーを体験する」ことを促した。1年間のスケジュールを確認したうえで自分で役割を選択させた。さらに，リーダーをするにあたって友達に助けを求めてよいことを認識させ，全体にフォロワーとしての役割も意識させた。

こうなった ▶▶▶ 力を出しきれない友達をサポートする場面が現れてきた

2学期
| 混沌・緊張 ▶ | 小集団 ▶ | 中集団 ▶ | 全体集団 | 自治的集団 |

リーダーのがんばりや苦労に共感的になりつつある

おもな活動：●運動会　●修学旅行　　　　　　　　　　　▶P52〜55

こう動いた ▶▶▶ サポートを手厚くし，配慮のある児童にも役割を遂行させる

友達を上手に助けることを促した。「自分が選択した責任ある仕事について」というテーマで懇談を全員に行い，やりきるために困難なこと，どういう助けがほしいか，自分ではどのくらい達成できそうかを％で示すなど，ていねいに聴きとっていくとともに，Q-U結果をもとに「だれにどんな助けを求めればよいか」をアドバイスした。また，「友達をフォローできるようにする」「責任の所在が見えるようにする」というねらいのもと，児童一人一人の委員会などの活動内容と活動日を学級のカレンダーに本人に書き込ませ，朝の会で確認した。

こうなった ▶▶▶ 学級への帰属意識の高まりとともに，自治意識が芽生えた

3学期
| 混沌・緊張 ▶ | 小集団 ▶ | 中集団 ▶ | 全体集団 | 自治的集団 |

これまで目立たなかった児童がリーダーになるチャンスが到来した

おもな活動：●お別れ会　●卒業式　　　　　　　　　　　▶P56〜59

こう動いた ▶▶▶ 6年間の学びの締めくくりを一人一人が納得するかたちで取り組ませる

児童の自主性を最大限に生かすことを重視した。そこで，「2学期の成功点は〜だったね」など，達成に向けての助言をした。また，自主的な話し合い活動ができることへの肯定的評価をした。また，受験シーズンに入り喚起された児童の不安を解消し，情緒的安定を促す取組みを行った。

こうなった ▶▶▶ みんなで1つのことに取り組む楽しさを共有した

事例2 リーダー役割の「見える化」で急成長した学級

1学期

| 混沌・緊張 ▶ | 小集団 ▶ | 中集団 ▶ | 全体集団 | 自治的集団 |

学級内の人間関係が閉鎖的で集団としてのまとまりが感じられない

■ **Keyword**：リーダーへの意識づけ／目立つことをやりたがる児童へのサポート

どんな学校か
- 郊外の閑静な住宅地にある，1学年3クラスの中規模校である。
- 児童の学力は全体的に高い。
- 保護者は専業主婦が多く教育への関心が強い。PTA活動が活発である。

どんな学級か
- 事例学級6年2組の児童数は39名（男子22名，女子17名）である。
- 毎年全学年で学級編成替えを行っており，学級編成替え直後である。
- 中学年のときいじめや荒れがあり，わだかまりを残したまま学年が上がってきている。
- 全体的に「トラブルはもうたくさん」といった空気が感じられる。また「あいつは〇〇なやつだ」と児童同士が距離感を保っていることがうかがえる。「意地悪」「暴力的」「嫌味」「学習しない」「怠けている」などの友達に対するネガティブな先入観。
- 男子には幼いタイプ，周囲のことについて関心を示さないタイプ，前に出たがらないタイプが少なからずいる。女子には自己主張の強いタイプが多い。
- コミュニケーションが得意でない児童，通級教室に通っている児童や思い込みの激しい児童など支援ニーズの高い児童が多く在籍している。

どんな人間関係が見られるか
- 私立中学校への進学をめざしている海斗（A），優太（B）らは，学級の取組みに前向きに参加することができず自己中心的に振る舞う。
- 落ち着いて客観的に物事をとらえられる大輔（C），悠人（D）は，海斗らを冷やかに見ている。学級担任はこの子たちが適切なアドバイスをするかどうか気にしている。
- 目立つことをやりたがる瑛太（E）は，みんなからの支持を得られず苦戦している。「なぜかひとこと多い」と嫌がられている。瑛太は大輔と昨年同じ学級で，瑛太が大輔に対して一方的に絶対の信頼をおいている。
- 穏やかでだれに対しても公平に接する蓮（F）は，だれからも信頼され，学級のムードを和らげてくれる存在である。謙虚で，自分から前に出ることはない。
- 和也（G）は，こだわりが強く，気持ちのコントロールが苦手で，たびたびパニックになり，みんなから距離をおかれている。
- かっとなりやすくもめることの多い陸（H）は，やる気を人一倍に見せるが，周囲に生意気ととられがちである。
- 健太（I）は，口調が乱暴で，意見が違ったときなどは，十分話し合おうとはせず，「もういい」と怒り，その後は機嫌が悪く，みんなに威圧的な態度をとることがある。
- スポーツが得意な湊（J），和馬（K）らは，真面目に課題に取り組み口数が少ない。健太の影響を受けやすい。

こう動いた！▶▶▶ 　　　　　　　　　　　　　　教示的リーダーシップ　説得的リーダーシップ
「学級の全員が必ずリーダーを経験する」という意識をもたせる

　まずは「6年生の1年間を共に過ごす仲間である」という意識をもたせることが必要と考えている。そこで個性を認めることのできる集団をめざす取組みを仕掛ける。学級担任は児童を観察し，授業場面で各々の隠れた一面を引き出す工夫をする。

　いっぽうで，自然に協力できる体制をつくることが必要と考えている。リーダーとフォロワーのあり方について投げかけ，児童に考えさせる。また学級で協力体制をつくるためには，学級の全員が人の前に立つ仕事を経験することが有効だと考えている。

　公的リーダーについては，やりたがりの瑛太や陸が立候補すると考えられる。彼らにやりきらせるには，学級の協力，手厚いサポートが必要である。1学期の公的リーダーについてはサポートを重点に考える。

ルール確立はこうした！
❶学級目標を決める際，「どんなクラスにしたいか」「どうすれば実現できるか」「そのために自分自身は何ができるか」を各々に考えさせる。
❷児童に対して「君たちは未来を紡いでいく存在である」「小学校の最高学年であり責任ある行動が求められている」というメッセージを伝えるために，学級開きの際，司馬遼太郎『21世紀に生きる君たちへ』の読み聞かせをする。
❸児童たちの和也をサポートする動きを観察し，「ありがとう」と声をかける。

リレーション形成はこうした！
❶毎日必ず学級の児童全員と個別に話をする。朝は一番に教室に行き，あいさつとともに一声かける。
❷ことわざカルタ等，不特定多数で楽しめる（だれとしても楽しめる）取組みを進める。一日のどこかで力が発揮できるような取組みを継続して行う。
❸「先生はあなたを見ているよ」という気持ちを伝える。連絡帳を毎日全員点検してコメントを書いたりイラストを描いたりする。
❹クラスメートの誕生日には牛乳で給食時に乾杯をする。年間通して実施する。
❺しっかりものの女子については自己主張が強い面があるが，固定したグループが形成されているわけではないので，フォーマルな場での協力体制を築けるよう仕向ける。あからさまな男子への固定観念（子どもっぽい，頼りない，うるさい）を崩していく。

リーダー，フォロワー育成はこうした！
❶「卒業までに必ず"責任ある仕事"を経験する」というルールを確認する。受験等自分のスケジュールを考えたうえで自ら役割を選択する見通しをもたせるために，1年間の行事，実行委員会等について確認する。
❷学級・学年の取組み以外の学校全体にかかわる委員会などの長を立候補してくるように指示する。みんなが何かしらリーダーの経験をするように促す。全員を，友達の助けがほしいと思う環境におく。

> **事例2** リーダー役割の「見える化」で急成長した学級

❸大輔，悠人，湊といった客観的に全体を見ることのできる児童には，学級担任が毎日の声かけのときに学級として高め合うことについて話をし，「あなたの力が必要」ということを伝え，フォロワーとしての役割を期待する。

学級はこうなった！ ▶▶▶ 　混沌・緊張 ▶ 小集団 ▶ 中集団 ▶ 全体集団　自治的集団

力を出しきれない友達をサポートする場面が現れてきた

　学級目標を考えるにあたって，「最終的に自分がその目標を達成できたと感じとることができるならばそれでよし」という学級担任の考えを伝えた。すると，児童からは，「みんなが楽しいと思える学級」という目標が出され，その目標を達成するためのルールとして「命令語は言わない」「授業を大切にする」「みんなで協力する」等が出されるようになった。

　4月当初に自分たちで決めたルールを守ることを日々繰り返すことで，学級として建設的に動ける，他人事としてではなく自分事として発言できる児童が増えてきた。

　具体的には，暗唱詩，ことわざカルタ，将棋，ドッジボール，日直によるリズム漢字音読はほぼ毎日，ノート名人，楽器名人，みんなで作るテスト，授業のなかでの拡散的発問などの取組みを継続して行うなかで，友達の意外な活躍の姿に対して「あいつもやるなあ」という声が自然に湧き起こってきた。そして，少しずつ「意地悪」「暴力的」「嫌味」「学習しない」「怠けている」などの友達に対するネガティブな先入観が崩れていった。

　1学期の終わりには楽しく明るい雰囲気の学級になってきていると感じられた。

おもなリーダー，フォロワー

・立候補してみんなからの投票で学級委員になった瑛太は，「自分はがんばっているのにみんなは本気にならない」という思いから高圧的な物言いをしてしまうことが多く，周囲からの反発が生まれた。
・瑛太が代議員になったことについて，最初は「やりたいならやればいい」「あいつがやったってうまくいかない」と他人事にみる声が多かった。
・みんなから信頼されている蓮は，学級会でさりげなくサポートの意見を出し，瑛太を支え，学級が1つにまとまるよう努力していた。
・瑛太は，蓮のサポートはあるものの学級の意見をうまくまとめることができず，学級のみんながはらはらしていた。
・それぞれが"責任ある立場の役割（すべての児童会・委員会の長）"を担当することになったことで，学級のみんなが，緊張感と，「どうしよう。だれかに助けてもらわなくては」という気持ちが芽生え，瑛太の空回りを他人事と思えなくなってきた。
・「自分のクラス」という意識が芽生えてくると，自分たちは前面に出るわけではないが，「何とかしてくれよ」と，瑛太が信頼を寄せている大輔に助けを求める児童が出てきた。
・瑛太は，自分をサポートしてくれる蓮の姿を見たり，信頼を寄せている大輔からア

ドバイスを受けるうちに、いろいろな学級のメンバーに話しかけていくようになった。コミュニケーションを積極的に取り始めた。
・歴史学習が始まると、和也は興味関心を示した。授業のなかで歴史豆知識や教科書に載っていないような歴史話を披露して活躍できる場面を用意したところ、周囲から一目置かれるようになった。
・周囲の児童に和也のがんばりが見えるようになると、和也は暴れている姿が少なくなってきた。和也に対するほかの学級からのからかい等に対して、和也の気持ちを落ち着かせてくれる友達が出てきた。
・陸は代議員だけではなく、ほかにもいろいろな役割があることを知り、全員が必ずどこかでリーダーとなる取組みに満足していた。実働はこれからである。

1学期の学級集団の状態（6月）

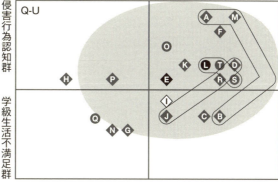

■学級の公的リーダーの児童生徒
【男子】E（瑛太）：意欲・積極性はあるが、協調性に欠け、つい余計なひとことを言ってしまう。
【女子】L（結衣）：穏やかで自己主張はしないが、楽しく取り組む姿勢がみんなから支持されている。

■学級で影響力の大きい、陰で仕切るような児童生徒
【男子】I（健太）：友達に対して乱暴な物言いをしたり高圧的に出ることがあり、率直になれないところがある。野球が得意。
【女子】該当なし。

■態度や行動が気になる児童生徒
【男子】A（海斗）、M：私学受験をするということでどこか優越感をもっている。そのため専科授業等に真剣に取り組めない。G（和也）をばかにした発言をする。
G（和也）：勘違いで暴れることが多い。
N：学習に遅れがあり、生活上の課題も見られる。
【女子】O：ときどき塾疲れで欠席をすることがある。授業には真面目に取り組むが、友達関係では冷めた一面を見せる。

■プロットの位置が教師の日常観察からは疑問に感じられる児童生徒
【男子】B（優太）：同じ私立中学校への進学をめざすA（海斗）、Mの2人と自信ある発言をしている。
P（尚宏）：日ごろからにこやかに友達と接していて仲のよい友達も複数いる。
【女子】Q：学級担任とおしゃべりをすることが多く、非常に明るい。

■学級内の小グループを形成する児童生徒
【男子】A（海斗）、B（優太）、M：私学受験で頭がいっぱい。D（悠人）、J（湊）、R：スポーツ大好き。黙々と真面目に取り組む。
【女子】L（結衣）、S（真央）、T（あかり）：学力については課題があるT（あかり）。S（真央）は、スポーツが得意で、はっきりとものを言うが、さっぱりとしていて後に残らない。

■4群にプロットされた児童生徒に共通する特徴
【満足群】課題に真面目に取り組む児童が多い。学級をよくしていこうという気持ちがある。
【非承認群】口数は少ないが、努力を重ねている。力はあるのに自信がない。
【侵害行為認知群】過去にいじめ被害にあった児童や、コミュニケーションをとることが苦手な児童がいる。
【不満足群】学力が低い。友達が少ない。

■学級の様子と問題と感じていること
・満足群に位置する児童は多いものの、認められ感が少ない自分に自信のない児童が複数いるのが見てとれる。

事例2 リーダー役割の「見える化」で急成長した学級

2学期

| 混沌・緊張 | ▶ | **小集団** | ▶ | **中集団** | ▶ | **全体集団** | 自治的集団 |

リーダーのがんばりや苦労に共感的になりつつある

■**Keyword**：リーダーとフォロワーの役割交代／自信がない児童

1 学期を振り返って

　学級担任は前学年の担任ではなかったが，専科授業を受けもち，学年の児童とコミュニケーションをとる機会が多く，特に女子とは常に相談をもちかけられたりという関係であったため，毎日の会話もスムーズに進み，女子の動向がつかみやすかった。

　年度当初，児童たちは「落ち着いて授業に臨みたい」「最後の学年でがんばりたい」という気持ちがとても強く，「そのためにがんばることは厭わない」という思いは一致していた。

　学級担任は，学級委員の女子（結衣：L）に問題点や進め方についてアドバイスするとともに，大輔（C）らに学級委員の瑛太（E）へのサポートを依頼した結果，学級としての意見が決定できるようになっていった。また，自分がリーダーとして中心となってやらなければならないことが増えるに従って，瑛太に対して批判的に見ていた児童たちが，「瑛太の苦労もわかる」というふうに，少しずつではあるが風向きが変わってきた。

　何とか学級委員を中心にまとまっていこうとする言動が児童たちに見られるようになったいっぽうで，自分に自信がないなど一部の児童が抱えている課題が見えてきた。これから先は，学級のサポーティブな雰囲気づくりをいっそう進めるとともに，個別の課題に寄り添っていくことが必要に思われる。

考えられる対策

①友達関係を把握したうえでサポート役を適切に選ぶ

　Q-Uの自由記述と自分スケジュールアンケートを活用して友達関係を把握する。

　全体に対しては4月のルール「みんなで協力する」をしっかり守り，依頼されたらできるかぎりの協力をすることを学級会で確認する。

②個々の課題に寄り添い，援助をする

　Q-Uの結果より，いつも穏やかでにこやかな尚宏（P）が，健太（I）からきつい言葉をかけられていることがわかった。また優太（B）は傲慢な物言いをすることが多々見受けられていたものの，承認得点が低く項目別でも自信のないことが見てとれた。Q-Uの自由記述の友達紹介に，ほかの学級の児童の名前しか書いていない児童がいた。

こう動いた！ ▶▶▶ 　　　　　　　　　　　説得的リーダーシップ 参加的リーダーシップ

サポートを手厚くし，配慮のある児童にも役割を遂行させる

　2学期は運動会，修学旅行と大きな行事があり，6年生は学校の顔としての働きが要求されることが多い。また，各委員会の長を務める児童はリーダー性が問われる。

これらを機に学級内の児童同士のサポート体制を強化する。学校行事への取組みは，お互いのよさを発揮し，貢献し合うチャンスであり，取組み中はコミュニケーションをとることが苦手な児童も人にものを頼むなどの必要に迫られる。行事への取組みのなかで，リーダーとフォロワーの協力関係を展開させ，児童たちに達成感を味わわせていく。

ルール確立はこうした！
❶「自分の役割を果たさないと行事は成立しないこと」を繰り返し意識させるために，運動会の自分の役割，具体的な仕事内容について，ビデオを見せ確認させる。
❷「修学旅行は学びの場であり，お楽しみ旅行ではない」ことを学級全体で確認したうえで，修学旅行のグループ分けを行う。学級会でフォーマル（公的な場）とインフォーマル（私的な場）について話し合う。
❸積極的に行事の取組みに参加できるよう２学期の取組みの大切さをいま一度学級の全員で確認するとともに，海斗（A）たちには，学級担任が受験ストレスへの対処法等も交えて話をする。

リレーション形成はこうした！
❶グループ分けについては，児童の力関係等の影響の出ないよう学級担任が介入を行う。例えば，仕事内容に対してバランスのとれた活動ができるグループについて考えさせる。
❷各行事への取組みを始めるときには，がんばっている友達を発見するようにあらかじめ伝えておき，各行事の終了時にはがんばったこと，ほかの人のがんばっていたことを発表する認め合い活動に必ず取り組む。発見する相手を決めておき，すべての児童が認められるように工夫する。学級全員の拍手でねぎらう。
❸尚宏のつらい思いに対してしっかり話を聴いていくとともに，健太には，「主従関係ではない友達との関係づくり」を，認め合い活動に取り組むなかで達成させる。

リーダー，フォロワー育成はこうした！
❶「自らが選択した"責任ある仕事"について」というテーマで，児童全員と懇談する。毎日人数を決めて行う。「やりきるためにはどのへんが困難と感じているか」「どういう助けがほしいか」「自分で何パーセントぐらいは達成できるか」を一人一人に聴いていくとともに，Q-Uの結果をもとに「○○さんに助けを求めたらどうだろう」というふうにアドバイスする。例えば，力はあるが自己肯定感の低い児童を，肯定感が高いけれどやりきれない児童のサポート役に選ぶ。
❷友達をサポートできるように，だれがどこでがんばっているかを掲示する。各委員会の活動内容と活動日を学級のカレンダーに自分で書き込ませ，朝の会で確認する。
❸１学期にリーダーとして苦戦した瑛太は，自らの申し出もあり，話すことをまとめることの苦手な児童のフォロワーに回す。苦労しなくてもできる人にはできないことがわかりづらいが，自分が苦労してできるようになったことは教えやすいからである。
❹陸（H）は踊りが得意である。陸を応援団の団長，学級での踊りリーダーに選ぶ。

事例2 リーダー役割の「見える化」で急成長した学級

優太にサポートの役割を依頼する。どのように説明したらみんなが動きやすいか，声かけについてサポートしてもらう。「優太のサポートがよかったから，うまくできた」と学級担任や陸の口から伝える。
❺優太を瑛太や陸のサポート役に回す。海斗（A）や駿（M）と離れての活動をさせる。
❻学級委員になった和馬（K）を公的リーダーの中心に位置づけ，蓮（F），大輔（C），悠人（D）にフォローを頼む。
❼これまで前に出る機会が少なかった児童が壇上で発表するなどした際は，これを契機にリーダーへの意識を根づかせるために，活躍を認める。

学級はこうなった！ ▶▶▶ 混沌・緊張 ▶ 小集団 ▶ 中集団 ▶ 全体集団 ▶ 自治的集団

学級への帰属意識の高まりとともに，自治意識が芽生えた

リーダー役割とフォロワー役割の両方を経験し，運動会，修学旅行という大きな行事を協力して成し遂げたことが非常に大きな影響を児童たちに与えることになった。児童同士のリレーションの深まりとともに，学級集団としてもまとまってきた。具体的には，行事カレンダーに記されたその日に，リーダーとして前に出る予定の児童を確認し，朝礼台に上る友達を自分のことのようにはらはらしながら見守ったり，「自分たちのクラスの仲間ががんばっている」と友達の活躍を認めたりすることができるようになった。そして，家族意識のようなものが形成され，「クラスにいるとほっとする」という言葉が聞かれるようになった。後期委員会のメンバー決めもスムーズに児童たちだけで決まっていった。

児童たちは，いろいろな行事に取り組むなかでリーダーとフォロワーを体験し，自分の適性についてわかり始めると，「ちょっとぼく短気だよね」「また言い過ぎたかな」と自分の欠点に気づき反省する言葉が出てくるようになった。また，学級担任に対しても，専科授業に行く際には「行ってきます」，帰ってきたときには「ただいま」という声をかけるようになり，学級への帰属意識の高まりと学級集団としてのまとまりが感じられた。

「責任をもって取り組むこと」をほぼ全員が体験できたことがよかった。それはクラスメートを，仲のよい友達としてではなく，協力してくれる仲間，頼りにし合う存在として意識できたからであろう。

いままで自信がなく投げやりな態度をとりがちだった児童が，認め合い活動を通して自分のよさに気がつき，友達に対して不満に思う気持ちを抑えることができるようになった。おそらく，フォロワーにアドバイスされるなかで，自分の欠けている点について意識できてきたのではないかと思われる。さらに「もう少し考えてから提案しよう」とか，「余計なひとことをつけないように上に書いてから発表しよう」とか，工夫をさせることで児童同士のトラブルは減っていった。

おもなリーダー，フォロワー
・これまで前に出る機会が少なかった湊（J），大輔，悠人が委員会の委員長として壇

上で発表した。
- 瑛太は１学期に自分がリーダーをして困ったとき，蓮たちにサポートしてもらったことを思ってか，積極的にみんなのフォローを買って出た。「うまくいかないのはみんなの意見がよくないからばらばらだから」と，みんなのせいにすることが多かったが，自分がサポートをした美咲（Q）から頼りにされていたこともあり，「みんなが悪いから」と言うことがなくなった。
- 陸は踊りのうまさをみんなから認められたことをきっかけに，かっとすることが減った。
- 優太は陸をサポートし，その役割が認められたことが自信につながり，海斗たちとばかり行動するのではなく，いろいろなメンバーと行動することが増えた。
- 尚宏は修学旅行の実行委員に立候補した。みんなと意見を交流する場を経験した。
- 健太は運動が得意なのでリレーのリーダーに推薦され気乗りがしない状態で始めたが，チームの仲間からの「ありがとう」という言葉に最後はやさしい言葉で走るこつ等を教えていた。尚宏への乱暴な言葉かけが見られなくなった。

事例2 リーダー役割の「見える化」で急成長した学級

3学期

混沌・緊張 ▶ 小集団 ▶ **中集団** ▶ **全体集団** **自治的集団**

これまで目立たなかった児童がリーダーになるチャンスが到来した

■ **Keyword**：卒業間近の取組み／受験を控えた児童

2学期を振り返って

学級担任が最小限のアドバイスをするだけで，自分たちで学級の話し合いができるようになった。児童同士がお互いのことをわかり合い，自分たちがやるべきことが共有されているように感じられる。個人的な利益だけでなく，全体のことを視野に入れて「みんなが楽しめるにはどうしたらよいか」という視点で話し合うようになった。

「2組の児童は積極的で明るいね」とほかの先生たちから多く言われるようになった。支え合う関係に後押しされて「いろいろなことにチャレンジしよう」という気持ちがみんなに芽生えてきたように思われる。

これまで前面に出ようとしなかった児童が立候補するようになった。それは，人前に立って堂々と話したり行動したりすることができたことへの喜びや，自分のことのように喜んでくれたことへのうれしさがあったからだと思われる。多少の失敗は仲間がカバーしてくれるという安心感も立候補を後押ししたにちがいない。

いっぽうで，12月初旬から受験が迫っていることの不安からか，海斗（A）や優太（B）らがほかの学級に在籍している塾仲間の誘いを断れず，授業に遅刻したりからかいの言葉を投げかけたりと落ち着かない様子を見せるようになった。また，学年3クラスのうちの1クラスが崩壊に似たかたちになってきていたのも不安要素のひとつだった。

考えられる対策

①卒業までの期間を意識させ取組みへの意欲をもたせる

「目立つのが嫌だ」と言っていた湊（J）が，リーダーとしていろいろやりたいことがあると自分から申し出てきている。女子は真央（S）が代議員への意欲をもち，結衣（L）が自分の経験を生かして積極的にアドバイスするなどのサポートをすでに約束していた。真央はスポーツが得意だが学力面で自信がなく，これまで前に出るほうではなかったので，リーダーを経験させるにはいいチャンスである。

②お互いの「努力」「不安」「希望」「本音」を共有する

受験に臨む児童のがんばってきたことについても確認する。受験に対する不安な気持ちについて受験をする一人一人からじっくりと聴き，そのうえで「未来についての選択肢はさまざまである。いつストレスを感じるかもさまざまである。それにどう対処していけばいいかを考えよう」と投げかけ，学級の全員で未来への不安や希望という話し合いをさせる。

この年齢の児童はみんなが何を考えているかがわからないと不安になりがちである。学級内のリレーションも確立してきたため，「サイコロトーク」や「いまどんな気持ち」など本音を出し合うグループアプローチを行う。

こう動いた！▶▶▶ 　説得的リーダーシップ　参加的リーダーシップ　委任的リーダーシップ

6年間の学びの締めくくりを一人一人が納得するかたちで取り組ませる

　卒業までの3か月はあっという間に過ぎてしまう。自分たちはどういうかたちで卒業の日を迎えるのかを、児童一人一人が真剣に考えて行動することが必要と考える。

　これまでの取組みのなかで自分の意外な一面を発見した児童が多い。同時に友達の得意なことや自分とは違う場面での活躍に驚いた経験もしている。相互に支え合いながら、2学期半ばより、自主的に学級で行動できるようになっている児童たちである。

　卒業までの期間、集団の取組みのなかでそれぞれが納得のいくように精いっぱいやりきらせたい。学級担任はバックアップを約束して児童を見守る。

　3学期には児童会主催の子どもまつり、お別れ会、卒業式の実行委員会と、卒業前のひとがんばりといった取組みが待っている。これまでの活動のなかで自分の適性について少なからずわかってきた児童たちにリーダーへの立候補を促す。

ルール確立はこうした！

❶4月より継続してきた取組みについては継続を評価するとともに、卒業まで続けることについて改めて確認する（各教科係の日常の取組み、日直の取組み等）。

❷基本的人権の尊重をすべてにおいて優先すること、自分の行動に責任をもつことを伝える。そして、自分の考え・行動に責任をもってほしいという願いを込めて、中学に巣立っていくまでの総まとめをする。

❸いま一度人権の意味を考え児童に目を、そして気を配ってほしい、というメッセージを込め、『わたしのいもうと』（文・松谷みよ子、絵・味戸ケイコ、偕成社）を使ったいじめの授業に取り組む。

❹ほかのクラスが、学級に荒れが見られているなか、学年合同での取組み、牽引することを意識させる。

リレーション形成はこうした！

❶群読に取り組む。「ソロ、コーラス、アンサンブル」といったパートを入れ替えながら、ハーモニーの心地よさを味わわせる。重水健介『教室で楽しむ群読12カ月』や、「まつり」、「江戸バカ囃子」等を題材に扱う。

❷これまでの学級の取組みとそれらに対する自分のがんばりを折れ線グラフにして確認させる。「ライフライン」のようなものである。どんなことに一人一人ががんばってきたかを共通確認し、お互いを再度認め合う。

❸学級の友達関係をうまくつくってきた児童たちが、さらにリレーションを広げるために、卒業までに学年を超えて学校全体の児童、先生たちと、「ありがとう」という言葉でつながれる取組みを実践する。例えば、卒業までに学校にいる人に感謝されることを自らがして、ありがとうをもらう「ありがとう大作戦」などである。

リーダー、フォロワー育成はこうした！

❶児童たちの自主性を最大限に酌む。学級担任は達成に向けて「2学期の取組みの成功点は何だった？」などの問いかけを通じた、児童の気づきを促す助言をする。

事例2　リーダー役割の「見える化」で急成長した学級

❷学級全体として活動できるよう建設的な方向へのアドバイスをする。自主的な話し合いが行われるようになってきていることについての肯定的評価をする。
❸入試を控えた児童に寄り添うよう伝えていくとともに，お別れ会の発表等は，受験で欠席をしている友達のぶんまでがんばることを意識させる。
❹個人としての力はあるがクラスメートとのかかわりが薄い一部の女子に，卒業式の実行委員会のスタッフを任せ，原稿づくり等を通じて力を発揮させる。

学級はこうなった！▶▶▶ 混沌・緊張 ▶ 小集団 ▶ **中集団** ▶ **全体集団** ▶ **自治的集団**

みんなで1つのことに取り組む楽しさを共有した

　3学期になると和気藹々とした話し合いが展開され，ほとんどの児童が学級を大切に思っていることが感じ取れるようになった。児童たちはクラス愛にあふれ，学年全体での取組みでは「2組ががんばるから大丈夫」と学級担任以外の教師にも積極的な提案をしていくようになった。

　学習面では，得意な児童が教え役になって，援助の必要な子へのさりげないアドバイスができるようになっていった。

　受験で合格できなかった子についても自然に接することを共通理解していた。

　6年生主催で1年生と取り組むペアスポーツ会，子どもまつりのように，「低学年に配慮しながら学校全体を牽引していく取組み」の際も学級担任が念のために用意していたサポートがほぼ必要ないくらい，自分たちでやりきることができた。

　係活動等，日常の取組みが途切れることなく継続して行われたことにも感心した。

　みんなで1つのことに取り組む楽しさを経験してきている児童に，さらに群読や学級合奏等を通じて学級の一体感がさらに強固になったように感じられた。群読はアンサンブルのものを選びソロは推薦。各パートも自分たちで決め練習に励んでいた。

　PTA主催のお別れ会において，学級担任に内緒で「うちのクラスはみんなで考えたいから」と自分たちでシナリオをつくり直した。湊が企画し，真央も台本づくりで湊をサポートしてグループをまとめ，みんなで練習したらしい（保護者の話）。

　「言われて一番うれしい言葉『ありがとう』を卒業までにたくさんもらって卒業しよう」という取組みでは，いままで以上に他学年の行動にも目を配ることができ，児童たちの自己有用感が高まったようだった。

おもなリーダー，フォロワー

・恥ずかしがり屋の湊は，運動会の委員長代表のあいさつを経験したことで大きな自信を得たようで，PTA主催お別れ会など和馬（K）と一緒に取り組んだ。ペアとなる真央も，どきどきしながらの立候補だったが，フォロワーが育っているので安心して任せることができた。
・瑛太（E）は受験したが最後まで一日も休まず登校した。相変わらず「ひとこと多い」ところはあるが，「あ，また言ってしまった」と自分で気づいて反省するようになった。

・陸（H）は特技を生かし「お別れ会」で披露するソーラン節のリーダーとして大活躍した。

3学期の学級集団の状態（2月）

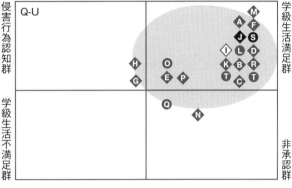

■学級の公的リーダーの児童生徒
【男子】Ⓙ（湊）：スポーツ好き。明るくみんなをリードできる。
【女子】Ⓢ（真央）：さばさばとしている。おおらかである。
■学級で影響力の大きい，陰で仕切るような児童生徒
【男子】Ⓘ（健太）：運動が得意。乱暴な物言いがなくなってきた。
【女子】該当なし。
■態度や行動が気になる児童生徒
【男子】Ⓐ（海斗）：受験が終わり気持ちが落ち着き，みんなと同じように取組みに参加できるようになった。
Ⓖ（和也）：周りの児童の手助けもあり，からかいにすぐに反応するということがなくなった。
Ⓝ：課題に取り組むようになった。自分から友達に声かけができるようになった。
【女子】Ⓠ：漢字テスト等自分で目標を立て積極的に学習をし，友達にわからないことを尋ねるようになった。
■プロットの位置が教師の日常観察からは疑問に感じられる児童生徒
【男子】該当なし。
【女子】該当なし。

■学級内の小グループを形成する児童生徒
【男子】該当なし。
【女子】該当なし。
■4群にプロットされた児童生徒に共通する特徴
【満足群】楽しそうに学級の取組みに参加している。自分のすることが明確にわかっている。
【非承認群】自分のできることがわかって少しずつ自信がついてきた。みんなとのかかわりが増えてきている。
【侵害行為認知群】自分の思い込みで動くことがあるため友達からのアドバイスも多い。自分へのアドバイスを怒らないで聴けるようになっている。
【不満足群】該当なし。
■学級の様子と問題と感じていること
・学級担任が口を挟まなくても児童たちで実行委員会やいろいろな取組みが自主的にやれるようになった。
・何事にも全力で一生懸命なのがほほえましく感じられる。
・真面目にこつこつ取り組んできた児童たちが団結したと感じる。

事例2 リーダー役割の「見える化」で急成長した学級

おわりに

1年間を振り返って

　個性豊かな児童たちと出会い，まずは児童理解に努めた。「何が得意で何が不得意なのか」「通っている塾や習い事の予定を含めた1週間の生活スケジュール」等の情報を集めることは，欠かせない作業だった。児童たちは高学年になるとすべてのことを学級担任に自分から話すことは少ないが，いろいろな不安を抱えていると思う。サイコロトークをしたときに「ほかの子も同じようなことで親に怒られているんだとわかってほっとした」と言った子がいた。学級担任の観察だけではわかりづらいことがあると思った。

　この1年間は「中学校への橋渡しとなる6学年の指導である」ということを常に意識して，集団の育成と個人の育成の両面を考え取り組んだ。

　児童たち一人一人が自分のよさを発見することや，客観的に自分をとらえることを実現できるためにも，さまざまな学校行事を学級集団づくりのポイントとして位置づけ，行事の意味づけを児童たちにも絶えず投げかけてきた。

　1学期には「年間の行事を見通す」という作業を学級の全員で共有することから始め，「自分はどの役割を担っていくか」を選択させた。「自分の選んだ仕事はやり遂げよう」という約束のもと，学級担任は相談にのるという立場に立った。結果，目立ちたいという思いだけで役割を選択した児童は困難に直面し右往左往していたが，学級集団を育てながら，学級担任が授業等の別場面で力を発揮できるように仕掛けを工夫するなかで，サポート役を買って出る児童が見られた。

　さらに2学期には，だれがどんな役割を遂行しているのかを「見える化」することで，仲間意識が育ってきた。中集団内で一人一人の責任を明確化し，認め合い活動で感情交流を促すことで，友達のサポートに対して，学級内に「ありがとう」が広がり，建設的な雰囲気がつくられてきた。「前日にクラスでリハーサルしようよ」「これは，あいつ苦手だからちょっと手伝ってあげようよ」という声が自然に出てきたのは，「自分がリーダーのときにサポート役に助けられて，うれしさを感じたからこそ」と思われた。陰で仕切るような児童が寂しい気持ちをもっていることは多い。サポート役を通じて感謝の言葉をもらえる環境をつくってあげることが必要だと学んだ。

　友達のがんばりを見つけて拍手でねぎらい，取組みの成功を学級全員で喜んだ。

　3学期，児童たちは自治的に動けるようになっていった。

　本学級は，「だれもが同じ力をもっているわけではなく，同じような行動をすることは不可能である」という確認を出発点に学級集団づくりを始めた。だからこそ，それぞれのよさをお互いに理解し合い，一人一人のよさをもち味として生かしながら，できることに積極的に参加していくという姿勢が養われたのではないかと思う。

参考文献：
司馬遼太郎，1997，「二十一世紀に生きる君たちへ」『十六の話』[中公文庫]，中央公論新社
松谷みよ子文，味戸ケイコ絵，1987，『わたしのいもうと』，偕成社
重水健介企画・編集，日本群読教育の会脚色，2013，『教室で楽しむ群読12ヵ月 高学年編』，高文研
「祭だ わっしょい」家本芳郎編・解説，青年劇場・群読出演，2000，『CDブック・家本芳郎と楽しむ群読』，高文研
「江戸バカ囃子」日本群読教育の会企画，重水健介編著，2010，『楽しい群読入門』[群読実践シリーズ]，高文研

ダイジェスト

仲間の幸せを考える児

学級集団はこう変化した！

1学期（6月）
- 満足群に31％
- 不満足群に公的リーダー
- 侵害行為認知群に私的リーダー

2学期（10月）
- 満足群に69％
- 侵害行為認知群に公的リーダーと私的リーダー

3学期（2月）
- 満足群に82％
- 侵害行為認知群に私的リーダー

　教師やルールに反発的な児童を行事のリーダーとして，学級内の力関係における構造の変化を起こしていった6学年の実践である。学級開き当初，反発や逸脱行動をする児童の力が公的リーダーや学級担任の力を上回り，集団全体に覇気のない状態であった。学級担任は，リーダーの自覚を促すことをねらって児童同士の関係づくりを行いながら，「仲間の幸せを願うリーダー」像を常に示し，学級リーダーが参加する会議を定期的に開催した。

● 学級担任のおもな特徴
■ 30代後半の男性。

どのように学級経営を進めたいか？
- 児童たち同士の関係づくりを大切にしながら，生活指導にも力を入れている。明るさも厳しさも兼ね備えた指導を心がけており，仲間はずれなどには特に厳しく指導する。休み時間などは，外で児童たちとよく遊ぶようにしている。
- 小学校，中学校のどちらの校種でも，毎年のように受けもつ学級には不登校の児童生徒がいて，学級復帰できるように導いてきた。これまでの経験から学級経営に自信がある。
- 「だれにも居場所があること」を大切にして学級経営を進めている。少数派にも光が当たる学級集団づくりを軸にしながら，話し合いを大切にした学級経営に努めている。

どのようにリーダーを育てたいか？
- 学級の代表となる児童は，「立候補したがる」という理由だけでは選ばず，学級の全員が選ぶというプロセスに基づいて位置づけるようにしている。
- 学級担任の言うことをよく聴くリーダーではなく，自分で考えて仲間の幸せのために活動できるリーダーを育てることを重視している。そのため，児童たちには，学級担任がいなくても学級が動いていくような自立した学級集団を形成できるようなリーダーとなることを求める。そしてリーダー会をこまめに開催する。

童たちが育てた学級

学級担任はリーダーシップをこう切りかえた！

1学期

| 混沌・緊張 ▶ 小集団 ▶ **中集団** ▶ 全体集団 / 自治的集団 |

学級内の人間関係が固定的で集団としてのまとまりが感じられない

おもな活動：●学級開き　　　▶P64〜67

こう動いた ▶▶▶ 学級担任主導で集団で活動することの楽しさを味わわせる

「仲間の幸せを考えて行動できる」というリーダー像を学級担任が提示し，学級委員や班長などを立候補で決めた。学級委員も参加する班長会を毎週開き，班や学級の様子について交流し合った。児童一人一人の学級集団への帰属意識を高めるとともに，公的リーダーに活躍させるために，学級担任主導により学級全体の活動を仕組んだ。いっぽうで，反発の強い児童に強い叱責等は通用しないと考え，彼らと学級担任との関係づくりを行った。

こうなった ▶▶▶ 児童のかかわりが見られるようになり，全体の目標を意識して活動できる児童が増えてきた

2学期

| 混沌・緊張 ▶ 小集団 ▶ 中集団 ▶ **全体集団** / 自治的集団 |

かかわる楽しさを感じるようになってきたが，まだ開放されない雰囲気がある

おもな活動：●運動会　　　▶P68〜71

こう動いた ▶▶▶ 仲間の幸せのために積極的に活動する児童をリーダーとして認め価値づける

リーダー性を発揮できると思われる私的リーダーは「行き場のないエネルギーが反抗につながっている状況」ととらえ，発散させるために運動会等の行事で活躍させた。行事のリーダーに，「その後の学校生活においても，リーダーとして仲間の幸せのために動く」ことを宣言させた。反発や逸脱傾向のある児童に応援団員をさせ，応援団員と学級委員を集めて「リーダー会」を繰り返し行った。

こうなった ▶▶▶ 学級の仲間全体のことを考えて行動する様子が増えていった

3学期

| 混沌・緊張 ▶ 小集団 ▶ **中集団** ▶ 全体集団 ▶ **自治的集団** |

リーダー役割，フォロワー役割における課題が見られるようになってきた

おもな活動：●卒業に向けたさまざまな行事　　　▶P72〜75

こう動いた ▶▶▶ 中学1年0学期と位置づけ，学級担任がいなくても活動できる学級をめざす

個々に責任をもたせるために，生活班のなかで「班長」「掃除長」「生活長」「学習長」「給食長」など「〜長」とつく役割を決め，リーダー会議は，不定期に切りかえ，必要なとき以外は学級担任を交えず進めさせた。トラブルが起きたときは，学級担任はできるだけ口を出さず，リーダーが中心となり，できるだけ学級全員で話し合って解決させた。

こうなった ▶▶▶ リーダーの呼びかけに応え，学級生活を自分たちで進めようとする姿が増えた

事例3 仲間の幸せを考える児童たちが育てた学級

1学期

混沌・緊張 ▶ **小集団** ▶ **中集団** ▶ 全体集団 ▶ 自治的集団

学級内の人間関係が固定的で集団としてのまとまりが感じられない

■ **Keyword**：学級担任主導の学級活動／仲間の幸せを考えるという意識の共有

どんな学校か
- ベッドタウンの住宅地にある，1学年3クラスの中規模校である。
- 都市部へ出やすい環境にあるため6年生の一部が私立中学校を受験する。

どんな学級か
- 事例学級6年1組の児童数は30名（男子15名，女子15名）である。
- 本校は毎年学級編成替えを行っており，当該学級も前年度の3学級を編成替えして組織した。学級担任は新しく赴任した。
- 前年度は，学年全体に落ち着きがなく，トラブルもよく起きていた。特に数名の男子が学級をかき回す様子が見られ，学級担任に対しても反抗的な態度をとっていた。その影響を受けて，ほかの児童も規律を守ることがむずかしい状況になっていた。
- 「昨年はいじめられていた」と訴える児童が多くいる。仲間はずれもよく起きている。児童同士の関係が親和的に保たれているとは言いがたい。
- 学級の人間関係が固定的であり，集団を統率する女子の小グループが存在し，グループ外の女子に対して排他的な態度をとる傾向がある。
- 児童は全体的に覇気がなく，大人に対する不信感が漂っていた。

どんな人間関係が見られるか
- 児童会や学級のなかでリーダーを務め，常に集団の先頭に立つ哲平（A）を中心とする男子グループは，明るく学級でも多くの支持を受ける4人組である。
- 明日香（B）と真由美（C）は，真面目で仲間のために地道な活動をするが，女子の中心グループの奔放的な動きに翻弄されているところがある。
- 桃子（D）を中心とする，学級の中心となって動く女子4人組がいる。自己中心的な発言や他者に対する排他的な態度をとるため，周りから恐れられている。
- 隼人（E）と琢磨（F）の2人組は，授業中にもほかのことをして立ち歩くことがある。特に隼人は，学級担任に対する反発も強く，その態度が周りにも大きな影響を与えることがある。
- 感情の起伏が激しく自己表現がうまくできない翔太（G）は，場の空気が読めず，学級に影響力のある隼人とトラブルになることが多い。
- 運動は大好きで男子とともに外遊びをするが女子との関係はうまくつなげない桜（H），いつもぽつりと1人でいて女子集団から避けられがちな遥香（I）は，学級内で孤立しがちである。
- 秀樹（J），隆（K），拓海（L）のサッカーが大好きな3人組は，休み時間になるとグラウンドでサッカーをして遊ぶ姿がよく見られるが，学級では表情がなくおとなしい。

こう動いた！▶▶▶ 　　　　　　　　　　　　教示的リーダーシップ　説得的リーダーシップ
学級担任主導で集団で活動することの楽しさを味わわせる

　年度当初から，立ち歩きなどの自分勝手な行動をする隼人が学級全体に及ぼす影響が強く，学級担任に反発する言動も目立ち，その対応に追われた。いっぽう，桃子を中心とするグループが，気の合わない児童に対して排他的な行動をとるために，学級全体の仲間関係が広がらず，孤立気味の児童が存在していた。

　一部の児童の逸脱行動や排他的な行動をそのままにしておいては，すべての児童が安心して活動できる学級の雰囲気は生まれないだろうと考えた。

　そこで，まずは学級担任が主導して学級全体で楽しめる活動を仕組み，児童一人一人の学級集団への帰属意識を高め，そのうえで公的リーダーが活躍できる場を確保していく。また，学級担任への反発が強い児童には強い指導は通用しないと考え，まずは学級担任との関係づくりを試みる。

ルール確立はこうした！
❶学級開きで「だれとでも仲よくし，仲間の幸せを考えて行動し，楽しい学級にしよう」と学級担任の願う学級像を伝え，そのための学級のルールを確認する。
❷班ごとに生活上，学習上の役割分担を決めさせ，係活動の内容について全員で共通理解しながら取り組ませる。

リレーション形成はこうした！
❶仲間のよさを見つけ励まし合うための時間を確保する。帰りの会では，個人名をあげてそのよさを全体の前で伝える。
❷学級全体での遊びを取り入れる。2時間目と3時間目の業間休みには，鬼ごっこやドッジボールなど曜日ごとにやることを決めて進める。最初は学級担任主導で進めてやり方の見本を示し，徐々に遊び係に仕事を分担していく。
❸自分勝手な児童とおとなしい児童との人間関係の構築をねらって，年度当初から継続して学級活動の時間などに，「自分や仲間を知る時間」としたグループアプローチを取り入れた授業を行う。
❹二者関係の構築をねらって，学級担任は学級の全員と日記のやりとりをする。

リーダー，フォロワー育成はこうした！
❶学級委員，班長など学級内の公的リーダーは，立候補で決める。ただし，「リーダーには，仲間の幸せを考えて行動することを求めること」「リーダーの行動がそれに見合わないと判断した場合には再選出もありえること」を児童たちに伝える。
❷班の様子，学級全体の様子について交流し合うために，学級委員も参加する班長会を定期的に開催する（1学期は毎週）。
❸もめ事が多発するのを防ぐために，隼人や琢磨の所属する班の班長については学級担任が意図的に指名サポートする。

事例3 仲間の幸せを考える児童たちが育てた学級

学級はこうなった！ ▶▶▶ 混沌・緊張 ▶ 小集団 ▶ 中集団 ▶ 全体集団　自治的集団

児童のかかわりが見られるようになり，全体の目標を意識して活動できる児童が増えてきた

　当初，学級目標は，学級担任の願いを伝えたうえで，児童たちの考えを積み上げて決めていく予定であったが，自分本位に行動する児童たちの言動によって決まってしまった。学級担任が学級の中心となって進めていくよりも，発言権のある児童たちによってさまざまな活動が進んでいく実態をなかなか崩すことができなかった。学級の話し合いも，公的リーダーの発言よりも陰で影響力のある児童たちの発言によりまとまっていく雰囲気が続いた。5月いっぱいまでは，自分本意で動く児童たちの力が公的リーダーや学級担任の力を上回り，過ぎていく日々であった。

　5月末の教育相談期間に学級担任と児童と個別面談の機会をもつと，桜や遥香から，「仲間はずれにされていた」「いじめられていた」との訴えがあった。この状態は，前年度から続いているとのことであった。

　毎日書くことにした日記を児童たちはなかなか書けなかったが，学級担任との日常会話では，しだいに自分の思いを話すようになってきた。

　翔太の人間関係はなかなか広がらなかった。しかし，20分休みの学級遊びが続くようになり，ドッジボールなどで活躍する場面で出てきて，自分をアピールする場が少しずつできてきた。

　班長会を継続しながら，学級担任が「仲間の幸せを願うリーダー」としての役割行動を一貫して求めたことが功を奏して，徐々に，周囲への細かな気配りができる班長や学級委員の姿が見られるようになり，班長同士や学級委員と班長が助け合う姿も見られるようになった。

　6月の修学旅行，7月の運動会の組織決めあたりからは，「仲間の幸せのために自分ができること」を意識して生活している児童，「全校の顔としての責任ある行動をする」という目標を共有，理解して活動できる児童が増えてきた。このころから，学級集団としてのまとまりがよくなってきたように感じた。

おもなリーダー，フォロワー

・隼人の学級担任への反発行動は急には変容してないが，認め合い活動で取り上げられる機会が増えることにより，授業中の立ち歩きなどは減っていった。公的リーダーの真由美のサポートが効果を上げているようだった。

・桃子を中心とする女子4人組は，グループアプローチを取り入れた授業を進めていくうちに，徐々にほかの児童とも交流する姿が見られるようになった。しかし，依然として4人だけで動くことのほうが多かった。

1学期の学級集団の状態（6月）

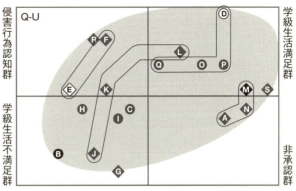

■学級の公的リーダーの児童生徒
【男子】Ⓜ：真面目で学級の先頭になって取り組む。
【女子】Ⓑ（明日香）：誠実に何事も取り組む。
■学級で影響力の大きい，陰で仕切るような児童生徒
【男子】Ⓔ（隼人）：自分本位の行動が目立つ。気に入らないと相手に対して暴言暴力がある。
【女子】Ⓓ（桃子）：小グループを形成して，そのなかでボス的な存在感を示している。全体に対しても発言権をもっている。
■態度や行動が気になる児童生徒
【男子】Ⓖ（翔太）：場の状況が読めずに勝手な行動がある。隼人とはよくトラブルになる。
Ⓙ（秀樹）：サッカークラブの仲間とは楽しそうに過ごすが，学級のなかでは感情を表に出すことが少ない。
【女子】Ⓗ（桜）：スポーツは大好きでクラブ活動等でキャプテンを務める。しかし学級のなかでは孤立した様子がある。
Ⓘ（遥香）：授業中などでも覇気がなく，黙っていることが多い。孤立している。
■プロットの位置が教師の日常観察からは疑問に感じられる児童生徒
【男子】Ⓐ（哲平）：児童会長でもあり，明るく過ごしている。
【女子】Ⓑ（明日香）：立候補して選ばれた学級委員である。先頭に立って話すこともできる。

■学級内の小グループを形成する児童生徒
【男子】Ⓙ（秀樹），Ⓚ（隆），Ⓛ（拓海）：サッカーチームに所属している3人組。全体的におとなしい。
Ⓔ（隼人），Ⓕ（琢磨）：隼人が琢磨と組んで行動したがる。授業中の立ち歩きもある。
Ⓐ（哲平），Ⓝ，Ⓜ：明るい仲よしグループ。リーダー的存在。
【女子】Ⓓ（桃子），Ⓞ（志帆），Ⓟ，Ⓠ：自己中心的な行動が目立ち，排他的である。
Ⓑ（明日香），Ⓒ（真由美）：おとなしいが仲よしペア。リーダー役を務める2人。
■4群にプロットされた児童生徒に共通する特徴
【満足群】明るく活気があるが，やや自己中心性が強く自分本意の言動が目立つ。
【非承認群】真面目であるが，おとなしいもしくは自分が出せないでいる。
【侵害行為認知群】真面目に取り組みたいが，一部の身勝手な行動にストレスをためて不満をもっている。
【不満足群】孤立傾向にある。学級全体のなかで活躍できず不満を抱えている。
■学級の様子と問題と感じていること
・学級全体に覇気がなく，固定化した仲間関係になっている。
・一部の児童の言動で物事が決まってしまう傾向にある。
・学級全体が集団としてのまとまりがない。

事例3　仲間の幸せを考える児童たちが育てた学級

2学期

混沌・緊張 ▶ **小集団** ▶ **中集団** ▶ **全体集団** ▶ 自治的集団

かかわる楽しさを感じるようになってきたが，まだ開放されない雰囲気がある

■Keyword：私的リーダーが認められる機会の設定／行事の活用

1 学期を振り返って

　学級全体に，覇気がなく孤立感のある児童が多いと感じたが，これは，それまでに学級の仲間同士を知る体験が少なかったからであることがわかった。また，そのような希薄な人間関係のなかで，隼人（E）だけではなく，桃子（D）など反発の強い児童たちは，自尊感情が低いことや，活躍できる場を求めているが，自分からその場に出ていけない思いを抱いていることが，個別相談や日記などからわかった。もともとはエネルギーのある児童たちなので，彼らが活躍できるような場を生み出す必要があると感じた。

　グループアプローチを取り入れた授業を進めていくにつれて，最初はかかわりがぎこちなかったものの，しだいに楽しそうに取り組むようになり，児童たちは仲間とかかわる楽しさを感じつつあるのだと感じた。ただし，日常の授業となると発言が少なく，一部の児童の意見だけで進んでいた。児童同士そして学級担任と児童とのリレーションをさらに形成していきたいが，児童のなかには前年度の経験から孤立や仲間はずれを恐れる気持ちが残っているようで，積極的に他人とかかわっていくことには慣れていない様子が見られた。

考えられる対策

①陰で影響を及ぼす児童に活躍の機会を与え，公的リーダーの役割を体験学習させる

　私的リーダーの自分勝手な行動や学級担任への反発は，人前に出て活躍したいと思いながらも，自分から前に出られないことによるものだと考えられる。

　日常生活の公的リーダーとしては出にくいが，運動会などの行事では活躍したいと感じていることが個別相談や日記などからわかった。そこで「運動会で活躍したリーダーは，その後の学校生活でもリーダーとして仲間の幸せのために動く」ことを事前に学級全体の前で宣言し，そのうえで応援団員を決める。応援団員を指導する立場にある学級担任がサポートしながらリーダーとして活動させる。

②卒業に向けて，学級のめざすべき姿について学級の全員で再確認する

　4月に決めた学級目標は，一部の児童たちの言葉だけで決まったものであったため，具体的なイメージの共有が十分ではなかったと思う。

　そこで，これまでの学校生活を振り返って，何ができるようになり，何が課題として残っているのかを浮き彫りにする。卒業までの残り半年をどのように過ごしたいのかを問い直し，めざすべき姿を具体的にイメージさせ，それをもとにリーダーの所作を明確にする。

こう動いた！▶▶▶ 　　　　　　　　教示的リーダーシップ　説得的リーダーシップ　参加的リーダーシップ
仲間の幸せのために積極的に活動する児童をリーダーとして認め価値づける

　身勝手な行動をする一部の児童に気をとられすぎないように留意し，運動会等大きな行事を活用して，仲間のために活動できる公的リーダーを生み出していくことを重視する。

　公的リーダーの働きかけは，学級担任が補佐し，学級全体がリーダーを中心にして動くように学級担任が支える。リーダーの動き方は学級担任が教えて，はじめはスモールステップで1つ1つ確認・奨励することを繰り返し，徐々に自分たちで動けるように教えていく。

　学級担任への反発や逸脱行動がある児童を応援団員にして，応援団員と学級委員を集めて，「リーダー会」を繰り返し行う。

ルール確立はこうした！
❶学級全体に生活規律の定着を促すために，運動会を機に，「競技だけではなく，日常生活においても他学級に認められる生活をしよう」というコンセプトを学級全体で確認する。さらに，「運動会で優勝できるクラスというではなく，優勝してもよいクラスになろう」と「結果」だけではなく「プロセス」を重視することを全体で確認する。

❷学級担任の指示がなくても適切に行動できるようさせるために，最初は学級担任が細かく関与して，仲間のためにならない行動については指導をし，徐々に自分たちで考えるように仕向ける。

リレーション形成はこうした！
❶学級のだれもが認められる活動として，運動会直後に「運動会の取組みがんばり賞」を行う。

❷児童同士の関係性を広げていくために，帰りの会の認め合いは継続して行う。「同じ班のなかで」「席の隣の人に」「同じ競技で組んだ人に」など対象者を代えていく。

❸「わからないことは教え合う」という学級風土をつくり出すために，グループアプローチを取り入れた授業を仕組み，授業の展開では，ペアや少集団での協同学習を行う。

リーダー，フォロワー育成はこうした！
❶学級集団に影響力のある桃子や大地（R）らにリーダーとしての行動を身につけさせるために，2学期スタートの核となる運動会において，彼らを意図的に応援団員に位置づける。逸脱行動を抑えるきっかけをつくるために，ルールが守れないときには，だれであっても同じように指導するように配慮しつつ，応援団員には特にルール遵守を求める。

❷応援団員が運動会後のリーダーに位置づくように，「運動会の応援団員はクラス全体から選ばれた ⇒ 応援団員は，運動会後の学級に対して感謝の気持ちで学級の仲間のために活動する」という流れを強調する。

事例3　仲間の幸せを考える児童たちが育てた学級

❸人前には出ずに身勝手な行動をしていた児童に，リーダーとして仲間のために行動する具体的な姿を求めていくため，運動会を境に班長などのリーダーを任せていく。
❹常にやる気のある者がリーダーとして先頭に立つことを強調するために，1学期のリーダーには，2学期のリーダーとしての再選もありえることを伝える。
❺応援団員と一部の1学期のリーダーを運動会後の学級委員，児童会役員，班長会などのリーダーに位置づけ，リーダーの自覚を高めていくために，リーダー会や学級会で「本物のリーダーとは」と振り返る場面を多く設ける。

学級はこうなった！ ▶▶▶ 　混沌・緊張 ▶ 小集団 ▶ 中集団 ▶ 全体集団　自治的集団

学級の仲間全体のことを考えて行動する様子が増えていった

　運動会の取組みが本格的に始まったことにより，2学期当初から学級のまとまりがよくなった。競技種目をふだんは話をしないメンバーと組むことによって，仲間との関係性が広がり，学級内のリレーションが深まる機会となった。さらに最高学年ということもあり，応援練習など全校のために動き，学級担任以外の教員から承認の言葉をもらうこともたくさんあった。運動会では応援でも総合でもよい成績を収めることができた。大きな行事で成果を実感できたことは，一人一人の児童の自信につながったようだった。

　運動会後は，集団行動をするときにも集合が早くなり，学級担任がいなくても活動できるようになってきた。運動会取組み期間中に，「運動会の成果は日常生活の姿の高まりにも関与する」と伝え，競技や応援に対しては応援団員，日常生活については学級委員に振り返りをさせるなかで，児童たちのなかに，「学級集団のルールは守らなければいけない」という価値が生まれてきた。

　そのために大きな行事の後でも，生活リズムが乱れることはなく，リーダーの呼びかけに耳を傾ける児童が増えてきた。

　その結果，日常生活のなかでも学級集団としてのまとまりが見え始め，中集団の成立をうかがわせる様子であった。

おもなリーダー，フォロワー

・応援団員を務めた桃子（D）や志帆（O），大地（R）などは，その後の学級内で中心的に活動することが増えていった。
・桃子は，運動会での大活躍もあり，学級担任への反発の姿はなくなっていった。その変容に連動して，桃子と連れ立っていた女子仲間も活動に前向きに取り組む様子が見られるようになった。
・隼人（E）は，運動会の取組みでも逸脱行動をしがちであったが，桃子や大地が応援団員として指示を出すことについては，受け入れ，真面目に取り組むことが増えていった。
・桜（H）も応援団員に選ばれたことで，桃子や志帆と話し合うことが増え，遥香（I）だけではなく，仲間関係を広げている様子が見られるようになった。

・翔太（G）は，応援団の副団長になり，仲間へのかかわりをもてる場面が増えたことにより，学級の仲間と遊ぶ姿が増えてきた。

2学期の学級集団の状態（10月）

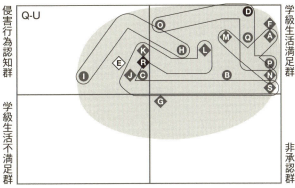

■学級の公的リーダーの児童生徒
【男子】R（大地）：ユーモアがあり，理解力にも優れている。
【女子】D（桃子）：学級全般に影響力をもち発言権がある。E（隼人）に対しても注意ができる。排他的なところがあり，周りの女子から恐れられている。
■学級で影響力の大きい，陰で仕切るような児童生徒
【男子】E（隼人）：1学期に続き，自分本意な行動が目立つ。暴言暴力は徐々に少なくなってきた。
【女子】該当なし。
■態度や行動が気になる児童生徒
【男子】G（翔太）：周りに合わせるのは苦手であるが，集団遊びで楽しめるようになった。
J（秀樹）：表情は固いが，自分の考えを言うことができるようになってきた。
【女子】H（桜）：応援団員をやってから，自信がもてるようになり，孤立することはなくなった。
I（遥香）：H（桜）といることが多くなり，1人でいることはなくなった。
■プロットの位置が教師の日常観察からは疑問に感じられる児童生徒
【男子】該当なし。
【女子】該当なし。
■学級内の小グループを形成する児童生徒
【男子】J（秀樹），K（隆），L（拓海），S：サッカーチームに所属している仲間。サッカーチームのキャプテンであるSも加わる。ときどき，H（桜）やI（遥香）も入って遊ぶこともある。
A（哲平），N，M：明るい仲よしグループ。リーダーをしながら支え合う関係。A（哲平）は児童会会長。前期に続いて児童会会長に立候補して再選される。
【女子】D（桃子），O（志帆），P，Q：仲よし組であるが，いつも一緒にいるという関係ではなくなってきた。
H（桜），I（遥香）：休み時間や登下校など一緒に過ごすペア。互いに孤立感があった2人が一緒にいるようになった感じである。
■4群にプロットされた児童生徒に共通する特徴
【満足群】学校生活全般に対して真面目に取り組むことができる。
【非承認群】周りに合わせるのが苦手で，周りから声をかけられないと，自分から遊びに誘えない。周りから認められる機会もあるが，なかなか素直に受け入れることができない。
【侵害行為認知群】一部身勝手な行動をする児童もいるが，全般には，自分の意見を伝えることがむずかしい。
【不満足群】該当なし。
■学級の様子と問題と感じていること
・D（桃子）を中心とした一部の児童で物事が決まってしまうことがまだある。
・固定化した小集団で過ごすことを好む傾向があり，中集団・全体集団での取組みや話し合いに参加できない児童が何人かいる。

事例3　仲間の幸せを考える児童たちが育てた学級

3学期

混沌・緊張 ▶ 小集団 ▶ **中集団** ▶ **全体集団** **自治的集団**

リーダー役割，フォロワー役割における課題が見られるようになってきた

■ **Keyword**：卒業に向けた目標設定／一人一人の役割と責任

2学期を振り返って

　もともと活動的であった私的リーダーが公的リーダーとして自信をもてるようになると，的確な判断や指示ができるようになってきた。

　するとリーダー同士が意見を対立させることが出てくるようになった。また，リーダーに任せきってしまう児童が出てきてしまう課題も見えてきた。

　さらに，一部のリーダーが，フォロワーに対して強い口調で一方的に意見を言う場面も見られるようになった。自治的な学級集団をめざすには，リーダーの的確な指示は重要である。仲間の幸せを願っての言動なのかを振り返らせる必要がある。

　またリーダーが出す方向性に一貫性がなく学級集団としての活動が停滞してしまわないようにサポートする必要がある。そこでリーダー役割にある児童だけでなく，すべての児童がフォロワーの役割とその責任を意識して行動できるようにする。また，リーダー同士の事前の打ち合わせも重要になると考えられる。

考えられる対策

①責任を意識して活動できるように，学級のすべての児童に個々に役割をもたせる

　リーダーとしての責任と働き方を学級の全員に学ばせるために，生活班のなかで「班長」「掃除長」「生活長」「学習長」「給食長」とそれぞれに「～長」とつく役割を決めていく。そして，「班長会」「掃除長会」「生活長会」「給食長会」を組織して，毎月，全員が自分の受けもつ役割を果たせていたのか振り返らせる。

②すべての児童に「自分も学級の主体である」と感じさせる

　リーダー以外の児童に「自分も学級の主体である」と感じさせるために，「自分たちのめざす姿」を明らかにさせ，卒業までの具体的な姿を追う。

　卒業式に向けて，「どのような6年生であったと思われたいのか」と全体に投げかけ，一人一人の考えを言わせる。

③児童たちに自治的に活動させる

　最後に全員が「楽しかった」と言えるようにするために，「記録を残し記憶に残る6年生になろう」を目標にして，どのような働きかけができるのか，その行事が得意な児童も苦手意識がある児童も，それぞれの役割を担って活動できるように自分たちで考え，実行させる。

　大縄跳びの大会や卒業式の合唱に向けた取組みなどについて，班長会や学級執行部会を中心にして自分たちで考えさせ，活動させる。行事を生かして学級集団の自治を育てる。

こう動いた！▶▶▶　　　　　　　　　　　　　　　説得的リーダーシップ　委任的リーダーシップ

中学1年0学期と位置づけ，学級担任がいなくても活動できる学級をめざす

　2学期末までには，自発的に学級のルールを守ることができる児童が多くなった。
　隼人など一部の児童は，広い人間関係を結ぶことに課題はあるが，大半の児童は，学級内で，幅広く親密な人間関係がもてるようになり，学級全体で活動できるようになった。
　そこで，3学期は，小学校生活の仕上げの時期として，また中学校生活を意識させ，「自分たちのことは自分たちで，先生がいなくても進めることができる学級」をめざす。取組みの核となるのは公的リーダーであるが，その他の児童にも「仲間の幸せを考えて自分たちで行動する」というフォロワーの役割を意識させ，そのような行動を価値づけていく。

ルール確立はこうした！

❶学級のルールを守って生活できるようになってきているので，リーダーが呼びかけないと動けない班活動，学級の活動にならないように見届け，朝や帰りの会などでできていることを紹介するかたちで確認をしていく。

❷学級担任は学級集団からやや距離をとり，「自分で判断」できていることを価値づける。学級担任の指示がなくても「自分で判断」して活動できることを紹介する。

❸ルールを守るために働きかけている仲間の姿を学級全体の活動のモデルにするために，学級担任が学級通信や帰りの会の話などで伝える。

リレーション形成はこうした！

❶4月の様子と比較し，男女や気が合うか合わないかに関係なくかかわれていることを「できるようになったこと」「みんなの成長」というかたちで伝える。

❷リレーションの拡大を図り，自分たちで，無作為に少人数の班を形成させる。グループアプローチを取り入れた授業や，英語活動の時間に行う。

❸1年間の生活の締めくくりとして，年度末には「別れの花束」の授業を組み込む。

リーダー，フォロワー育成はこうした！

❶「リーダーとはどんな人」という学級活動の時間を仕組んで，学級全体で話し合う。「人に命令する」「人の話をよく聞く」などいくつかある項目のなかで，どれがリーダーとしてふさわしいのか話し合わせ，相手に命令口調で伝えることはリーダーらしくないことなどに気づかせる。

❷学級執行部によるリーダー会は，定期的から不定期に切りかえ，必要に応じて，学級担任を交えずに進めるように学級委員に伝える。

❸朝の会のスタート，授業の始まり，全校集会の移動など，学級担任から声をかけることを少なくして，自分たちで動く姿を見届ける。

❹トラブルが起きた際は，リーダーを中心にできるだけ学級集団全体のなかで話し合って解決するように伝える。学級担任はできるだけ口を出さず，自己解決するようサポートする。

事例❸　仲間の幸せを考える児童たちが育てた学級

学級はこうなった！ ▶▶▶　混沌・緊張 ▶ 小集団 ▶ **中集団** ▶ 全体集団 ▶ 自治的集団

リーダーの呼びかけに応え，学校生活を自分たちで進めようとする姿が増えた

　学校生活のなかで係活動，給食，掃除などさまざまな場面でルールを守ることはできるようになっていった。一部の児童は，逸脱行動をしがちであるが，班長などの呼びかけで従えるようになってきた。さらに授業についても，教科ごとに決まったパターンでの学習に慣れてきて，授業の開始から授業終了まで，学級担任の号令なしで進めることができるようになってきた。

　3学期のはじめに「卒業を迎えるにあたり，どのような卒業生だったと思われたいか」という問いかけに「あの子たちでも，卒業生らしくなったと思われたい」と言う児童がいた。これまでのトラブル等を気にし，自信をもてずにいた児童が多いことがわかり，残り3か月を悔いなく過ごすための目標設定の機会となった。卒業に向けたさまざまな行事を通して，「記録を残し，記憶に残る卒業生になろう」とみんなで目標を確認した。

　3学期のはじめに，大縄跳びの大会があり，2チームに分けて大会に臨んだ。「よく跳べる人のチームと苦手な人のチームに分けよう」という一部の提案に対して，「仲間の幸せを考える」というキーワードに立ち戻ったときに，「得意も不得意も関係なく，みんなで練習してうまくなることが大切」という意見を桜（H）が述べた。それに賛同する児童が多く，チーム分けは平等に生活班で分けることに決まった。毎日のように練習し，ついに2チームの結果の合計で歴代1位の記録をとるまでになった。

　全校が合唱を大切にする学校であることから，「卒業式では，どんな曲を歌いたいか」も3学期の大きなテーマにした。学級担任からも候補曲の提案はしたが，選曲は児童に任せた。指揮者，伴奏者，2部合唱のパートリーダーなどを決めると，1学期，2学期に活躍したリーダーが立候補してきた。指揮者・伴奏者はオーディションで決めた。パートリーダーは，いままであまり表に出ることがなかった秀樹（J）と隆（K）が立候補して選ばれた。卒業を目前にして，進んで活躍したいと願う児童が出てきている表れだと感じた。

　その後の巣立ち活動でも，校内清掃活動や遊具のペンキ塗りなど，隼人（E）も含めて真面目に取り組むことができた。このころ，学級担任は先頭に立って引っ張りすぎず，後ろに回りすぎずということに配慮していた。実際，学級担任が介入しなくても解決できることがほとんどであった。

おもなリーダー，フォロワー

・隼人と翔太（G）が大縄跳び大会で，縄を回す役に立候補した。練習途中では，嫌になり投げ出しがちになる隼人を翔太がなだめて取り組んだ。大会後には，「隼人くんの縄の回し方がよかった」とほめられ，うれしそうであった。1学期はじめには，よくもめていた隼人と翔太であったが，2人の成長を感じる場面であった。
・桃子（D）は，運動会以後，班長になり学級の先頭になって呼びかけることが増えてきた。やや口調が強くなることがあるが，学級担任から指摘されて受け入れるよ

うにもなった。

3学期の学級集団の状態（2月）

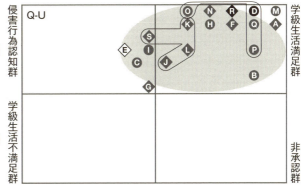

■ 学級の公的リーダーの児童生徒
【男子】R（大地）：ユーモアがあり，かつ学級全体の仲間に対して厳しさとやさしさを出せる。
【女子】D（桃子）：学級全体に影響力をもち発言権がある。E（隼人）に対しても注意ができる。
■ 学級で影響力の大きい，陰で仕切るような児童生徒
【男子】E（隼人）自分本位な言動が出るが，周りからの言葉かけを受け入れることも増えてきた。
【女子】該当なし。
■ 態度や行動が気になる児童生徒
【男子】G（翔太）：運動会で大いに認められて以降，係の活動などコツコツと取り組めるようになった。
J（秀樹）：多くを語る場面はないが，班活動や係活動等進んで取り組むことができるようになった。E（隼人）のトラブルについて学級で話し合う場面では，冷静な判断で彼をかばうこともあった。
【女子】H（桜）：バスケットボールクラブのクラブ長に任命され，元気が増してきている。
I（遥香）：H（桜）や数名の男子などと休み時間に遊ぶ姿が多くなった。一時，女子同士のもめ事に悩む時期もあったが，D（桃子）などが先頭になって話し合いを進め，解決することもあった。
■ プロットの位置が教師の日常観察からは疑問に感じられる児童生徒
【男子】該当なし。
【女子】C（真由美）：1学期スタート時の児童会役員。率先して活動するわけではないが，学級のことを常に冷静に見て，的確なアドバイスができる。被害意識が高めなのが気になる。
■ 学級内の小グループを形成する児童生徒
【男子】J（秀樹），K（隆），L（拓海），S：サッカーチームに所属している仲間。
【女子】D（桃子），O（志帆），P，Q：仲よし組であるが，4人だけでいることは少なくなった。
■ 4群にプロットされた児童生徒に共通する特徴
【満足群】学校生活全般に対して真面目に取り組むことができる。
【非承認群】該当なし。
【侵害行為認知群】一部身勝手な行動をする児童もいるが，全般には，自分の意見をうまく伝えることがむずかしい。
【不満足群】該当なし。
■ 学級の様子と問題と感じていること
・逸脱行動をしがちな児童も取り込んで，学級集団の人間関係は，円滑になってきた。
・学級担任の指示を待つ受け身の姿勢が見られるので，学校生活の主体は自分たちであることを自覚し，より楽しい学校生活にするために，課題意識がもてること，話し合って決めていこうとすることを大切にする。学級担任がいなくても回る生活をつくり出すことをめざす。

おわりに

1 年間を振り返って

　4月の，全校朝会でのさわがしい様子，学級内での身勝手な発言の多さなど，どのように1年間が過ぎていくのか不安でたまらなかった。1年間を振り返ると，学級集団を建て直す大きな起点が2つあったと感じている。

　1つ目は，1学期末から2学期はじめにかけての行事を生かした取組みである。

　前年度までの学級荒れの経験から，大人不信で，学級担任の話がなかなか児童たちに通らない状態で，学級担任が学級集団を引っ張っていくことは困難であった。その構図をぐいっと切りかえるきっかけになったのが運動会だった。反発しがちな児童を応援団として巻き込み，その指導者として学級担任が正面から向き合い，リーダーとしての考え方，行動の仕方を身につけさせていった。「優勝したい」という目標をもったときに，児童も学級担任も同じ目標をもって，活動に向き合うことができた。さらに，運動会などの大きな行事に向けた取組みは，日常生活と密接につながるということを，繰り返し伝えていったことで，逸脱行動をしがちな児童が学級のルールを守るようになり，この流れで，日常生活も授業も落ち着いていった。児童たちのなかで，学級のルールに対する価値が変化し，学級をかき回していた私的リーダーたちが，公的リーダーとしての力を発揮できるようになるきっかけにもなった。

　2つ目は，「どのような卒業生と思われたいか」と問いかけて3学期末までのイメージをもたせたときである。

　ある児童の「自分たちは悪い学年だと思われている」という発言が，学級全体に突き刺さった。「このまま卒業ではいけない」と学級のだれもが思ったはずだ。卒業までのイメージをもったことで，児童の姿は一人一人が自分の役割と責任を意識し，主体的に活動しようとするものへと，大きく変化していった。児童たちが，「仲間の幸せを考えるリーダーとは何か」ということを，真に実感できたのもこのころだったのではないかと感じる。具体的には，大縄跳び大会のチーム編成で，「得意も不得意も関係なく，みんなで練習してうまくなることが大切」という桜の意見に多くの児童が賛同し，みんなで練習に取り組んだ姿や，卒業式の合唱に向けて，それまで活躍の機会が少なかった秀樹と隆がパートリーダーとして活躍した姿，巣立ち活動で清掃活動に真面目に取り組む隼人の姿が，それを物語っていた。

　きっかけがあれば，児童はよい方向に伸びていく。そのきっかけをいかにつくるかが教師の務めだと強く感じた1年であった。

第3章　学級集団づくりの事例

ダイジェスト
個性的な児童たちの貢

学級集団はこう変化した！

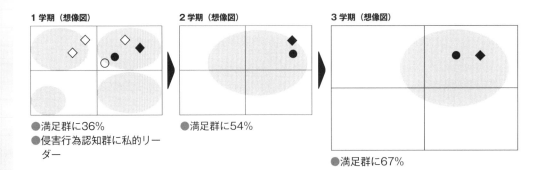

1学期（想像図）
- 満足群に36%
- 侵害行為認知群に私的リーダー

2学期（想像図）
- 満足群に54%

3学期（想像図）
- 満足群に67%

　特別な支援を必要としている児童が複数在籍する学級で，学級担任がさまざまな児童のリーダー体験を支えた4学年の実践である。学級担任はリレーションの形成とルールの確立を進めながら，一人一人に責任ある仕事を経験させ，認め合いの場を頻繁に設定した。結果，児童同士の支え合いが増え，特別な支援を必要としている児童が積極的に活動に参加し，また力はあるが控えめだった児童がリーダーシップを発揮するようになった。

● **学級担任のおもな特徴**
　30代後半の男性。

どのように学級経営を進めたいか？
- 初任のころより，ICTを活用した授業づくりと体育科指導を中心に研究を進めてきた。
- 自分自身が学級崩壊のクラスにいた経験から，受けもつ児童たちには，親和性のある学級で学校生活を送ってほしいと考えている。
- 集団生活のルールやマナーを身につけさせること，互いの存在を認め合い，一人一人がよさを発揮できることを学級づくりの基軸としている。生活指導においては，規範意識を育み，善悪の判断を身につけ，場面に合った行動が進んでできるようにしている。学習指導においては，自己有用感を感じたり他者を認めたりする活動を通して，リレーションを深める授業づくりをめざしている。

どのようにリーダーを育てたいか？
- すべての児童に，学級に対する帰属意識をもたせ，みんなでよりよい学級集団にできるよう働きかけていくことが必要だと考えている。そのため，固定した児童だけをリーダーに据えるのではなく，多くの児童にリーダーとしての役割を経験させ，リーダーシップやリーダーフォロワーシップの発揮の仕方を身につけさせている。
- だれもがリーダーシップをとれるようになることで，集団のリレーションがさらに深まり，主体的に自分たちで考え，行動できるようになり，よりよい学級集団に向けて協力していく力が育まれると考えている。

献で活性化した学級

学級担任はリーダーシップをこう切りかえた！

1学期

混沌・緊張 ▶ **小集団** ▶ 中集団 ▶ 全体集団 ▶ 自治的集団

配慮の必要な児童が複数おり，トラブルが絶えず集団がまとまらない

おもな活動：●学級開き　▶P80〜83

こう動いた ▶▶▶ 一人に一役を与え，リーダーシップの発揮を促す

リーダーの役割について学習・生活それぞれの場面で明確にし，グループ内で1週間ごとに循環させた。学級担任はメンバーとして児童のなかに入り，建設的な行動のモデルを示した。学級をよくしよう，期待に応えよう，とがんばり，疲弊してきた公的リーダーを学級担任が意図的に支えた。

こうなった ▶▶▶ 一人一人の役割を明確にし，認められることで建設的に行動できる児童が増えた

2学期

混沌・緊張 ▶ **小集団** ▶ **中集団** ▶ 全体集団 ▶ 自治的集団

リーダーシップを発揮できる児童が学級内に複数育ってきた

おもな活動：●運動会　▶P84〜87

こう動いた ▶▶▶ 新しいリーダーを増やし，児童が建設的に行動できるような体制をつくる

「責任ある役割を担い，達成の喜びを感じ，自分たちで企画運営した活動が周囲から認められる」というサイクルを児童一人一人に体験させるために，「1学期の公的リーダーを，新しいリーダーをサポートする立場におく」「私的リーダーに運動会の責任ある仕事を与える」「力はあるが前面に出られなかった児童に役割を与える」などの工夫をした。ICTの活用を通じて特別な支援を必要としている児童も授業に集中できるようになりトラブルが減少し，児童相互の交流が活発になった。

こうなった ▶▶▶ 行事を通して，一人一人の児童が学級集団に貢献しようとする場面が増えた

3学期

混沌・緊張 ▶ 小集団 ▶ **中集団** ▶ **全体集団** ▶ 自治的集団

支え合う雰囲気が生まれたが，自己有用感の低い児童も数名いる

おもな活動：●2分の1の成人式，お別れ会などの行事　▶P88〜91

こう動いた ▶▶▶ 児童が主体的に活動できるように学級担任が仕向ける

活動する際に，必要な役割や仕事は何か，自分たちで話し合わせることを重視した。また，2学期まで前面に出ることのなかった児童を励まし，リーダーに立候補するよう促した。さらに，1〜2学期にリーダーを経験した児童をフォロワーに据え，新たにリーダーシップを発揮する児童をサポートさせた。そして，リーダーが挫折しないように，学級担任が児童の活動の様子をよく観察し，さりげなくアドバイスやサポートを行った。

こうなった ▶▶▶ 自主的にルールを守り，友達と協力しながら，主体的に活動できるようになった

事例4 個性的な児童たちの貢献で活性化した学級

1学期

| 混沌・緊張 ▶ | **小集団** ▶ | 中集団 ▶ | 全体集団 | 自治的集団 |

配慮の必要な児童が複数おり，トラブルが絶えず集団がまとまらない

■ **Keyword**：公的リーダーの負担軽減／役割のローテーションによるリーダー体験

どんな学校か
- 都市部にある，1学年3クラスの中規模校である。
- 学校選択制に伴い，学区外から通学してくる児童も多い。古くからの伝統を大切にする地域と，学区外から登校してくる保護者の間には若干の意識の相違も見られる。
- 保護者の学習に対する意識が高く，ほとんどの児童が塾や習い事に通っている。

どんな学級か
- 事例学級4年2組の児童数は32名（男子16名，女子16名）である。
- 本校は隔年で学級編成替えを行っており，当学級はもち上がり学級で学級担任だけが変わった。
- 特別支援を必要としている児童，対人関係を築くのが苦手な児童や学習に困難を示す児童が複数在籍している。
- 対応がむずかしい児童が多く，前年度は，学級担任が教室内にいないと，おもに何らかのトラブルが起きることが多かった学級であり，複数の教員がサポートに入っていた。

どんな人間関係が見られるか
- 私的リーダーである颯太（A）や大介（B）など，自己中心的で，自分の言いたいことは主張するが，人の意見は聞かないという男子が多い。クラスメートの揚げ足を取って，休み時間だけでなく，授業中にも児童同士のトラブルが起こる。
- 陽菜（C），葵（D）は，男女どちらとも仲よくかかわることができ，私的リーダーの優希（E）とも上手にかかわることができる。能力が高く，友達からの信頼も厚いが，学級をまとめることがうまくいかず，半ばあきらめを感じている様子である。
- 優希は女子への影響力が大きい。学級担任の前ではよい子を演じる。
- 一郎（F），圭吾（G）は，運動神経がよく，学習もよくできるので学級の友達からの信頼も厚いが，リーダーシップを発揮しようとはしない。
- 3年生の1学期の半ばに転入してきた寛太（H）は，感情のコントロールがむずかしく，授業中の私語，離席，教室外への飛び出しなどの行動が目立つ。休み時間にほかの児童と一緒に遊んではいるが，自分の意にそわないことがあると，暴言を吐いたり，暴力を振るったりするため，トラブルになることが多い。寛太の発したひとことが飛び火して，学級全体がざわついてしまうことが多い。

第3章　学級集団づくりの事例

こう動いた！▶▶▶　　　　　　　　　　　　　　　　　　教示的リーダーシップ　説得的リーダーシップ

一人に一役を与え，リーダーシップの発揮を促す

　学級開きの直後は，男女どちらとも仲のよい陽菜，葵，一郎，圭吾を中心に，既存の人間関係をそのまま移行させるかたちで学級集団づくりを行っていけると感じた。しかし，自己中心的だったり他者とうまくかかわれなかったりする児童が複数いるため，トラブルが絶えず，学級をまとめようとする公的リーダーに過度な負担がかかってしまうように感じられた。

　そこで，公的リーダーへの負担を軽減するために，学級担任主導で学習場面や生活班のなかの役割をローテーションし，どの児童にもさまざまな役割の仕事を経験させる。役割交流を通して，だれもがリーダーとして活躍できる素地を育てるとともに，一人一人に「学級を支える一員である」という意識をもたせる。

　児童たちを見ていると，ほめられた経験が少ないのではないかと思われた。そこで，児童たちとともにルールの再確認を行って望ましい行動を明確にし，できたときにはきちんと承認しながら，学習や生活のルールの定着を図ることにする。

ルール確立はこうした！

❶いまの自分たちを見つめ，どのような学級にしたいか理想の学級状態を話し合わせ，学級担任の願いも伝えたうえで学級目標を設定する。

❷学級目標は常に意識して行動できるように毎月振り返らせる。

❸1学期中に学習のルールの定着を図る。特に，建設的な話し合いができるようにするために，話し合うときのルールの徹底を重視する。

❹一人一役を担わせる。協働学習を多く盛り込み，4人編成のグループで，司会，発表，まとめ，記録などの役割を設定して週ごとにローテーションする。また生活でも学習と同じようなルールで，清掃，給食等のリーダーの役割を与え，ローテーションさせる。

❺こだわりが強い児童にも自分の役割が明確になるように，清掃，給食などのリーダーの役割を与える。

❻自己有用感を高められるようにみんなで再確認したルールについて，できていること，できなかったけれど挑戦していること，がんばってできることを全体の前で認める。

❼建設的な行動のモデルを示すために，まずは学級担任自身が進んであいさつをしたり，清掃を行ったりする。

❽児童の小さながんばりを見逃さず，見つけたときは大袈裟なくらいにほめる。週に一度，児童たちのがんばったこと，作文や作品などを学級通信に掲載し保護者に伝える「ほめほめ作戦」を実施する。

❾児童のがんばりについて保護者と共有する「㊢のチカラ」を実施する。連絡帳に，㊢（ほめられた回数）を書き込ませる。

リレーション形成はこうした！

❶がんばりや努力をたたえるとともに，建設的なモデルを示すことをねらって，日直

と学級担任がその日に一番がんばっていたと感じた児童に「一番星賞」を発表する。努力が見えやすい児童とそうでない児童がいることに留意して行う。同じ児童ばかりが一番星にならないよう調整を行う。

❷学級担任との二者関係をつくるために，児童と積極的にかかわる。休み時間に児童と一緒に遊んだり毎日給食を一緒に食べたり，自ら手本となり一緒に清掃を行ったりしていく。

リーダー，フォロワー育成はこうした！

❶全員にリーダーの役割を経験させるために，学習，生活のそれぞれの場面でのリーダーの役割と仕事の内容を明確にし，その役割をグループ内で1週間ごとに循環させる。

❷学級担任も学級集団の1人のメンバーとして児童の活動に参加し，公的リーダーが建設的な行動をとることをさりげなくサポートする。

❸与えられた役割を責任をもって遂行することの大切さに気づかせ，リーダーシップの素地を育てるために，真面目で控えめだがルールに従って行動している児童を承認する。

学級はこうなった！ ▶▶▶ 混沌・緊張 ▶ 小集団 ▶ 中集団 ▶ 全体集団 ▶ 自治的集団

一人一人の役割を明確にし，認められることで建設的に行動できる児童が増えた

4月当初は，児童たちだけで自治的に活動できるような学級のルールが確立されていなかった。また，学級の児童たちはQ-Uの承認得点が全国平均を下回っており，自信がないことがうかがわれる児童が多かった。

5月の連休明けころから，4月から取り組んでいた「㊙のチカラ」の効果が徐々に表れてきた。学校でほめられたことが家庭での親子の会話の話題になり，児童が，保護者からもほめられる機会が増えてきた。それにより，少しずつではあるが，特別な支援を必要としている児童の反抗的な態度が減ってきた。この取組みは，学級担任にとっては，どの程度その子とかかわりをもったかという振り返りにもなるため，学級担任が，その子のよいところやがんばりを見逃さず，意識的にほめることにもつながった。

「一番星賞」の取組みを始めたころは，みんなからほめられたくてがんばる児童もいたが，周りから認められるような機会が増えるにつれ，6月を過ぎたあたりから，自発的に建設的な行動をとれる児童が増えてきた。

当初，学習に遅れが見られる児童や忘れ物が多い児童に対し，ばかにしたり強い口調で中傷したりする児童もいたが，1学期の終わりには児童たち自身がお互いのよいところに目を向けられるようになり，こうした発言も減ってきた。

おもなリーダー，フォロワー

・6月を過ぎると，私的リーダーである颯太，大介が，公的リーダーである一郎らとともに，週に一度は休み時間に全員で遊ぶことを提案し承認された。

- 公的リーダーである陽菜，一郎は，学級をよくしよう，学級担任の期待に応えようとがんばりすぎるあまり，疲弊しているように感じられた。

1学期の学級集団の状態（想像図）

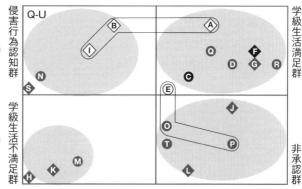

■学級の公的リーダーの児童生徒
【男子】F（一郎）：野球チームではキャッチャーを務める。運動神経がよく，責任感が強い。
【女子】C（陽菜）：運動神経がよい。明るく元気で男女どちらとも仲よくかかわることができる。
■学級で影響力の大きい，陰で仕切るような児童生徒
【男子】A（颯太）：サッカーチームのリーダー格。運動神経がよく，発言力が強い。
I：野球チームに所属。悪ふざけが過ぎることがある。
B（大介）：都合のいいルールをつくって物事を進めたり，発言権が弱い子の意見をばかにしたりすることが多い。
【女子】E（優希）：女子への影響力が大きい。低学年のころからトラブルが多い。学級担任の前では，器用に立ち回り，いい子を演じている。
■態度や行動が気になる児童生徒
【男子】H（寛太）：感情のコントロールがむずかしく，授業中の私語，離席，教室への飛び出しなどの行動が目立つ。意にそわないことがあると，暴言を吐いたり暴力を振るったりする。
J，K：こだわりが強い友達との距離感がうまくつかめない。
L：軽度知的障害があり，基本的な生活習慣が身についておらず，学習においても支援が必要。

【女子】M，N：友達同士の関係が築けない。休み時間は，図書室や教室で過ごす。
■プロットの位置が教師の日常観察からは疑問に感じられる児童生徒
【男子】該当なし。
【女子】該当なし。
■学級内の小グループを形成する児童生徒
【男子】A（颯太），I，B（大介）：自己中心的で自分の言いたいことは主張するが，ほかの友達の意見は聞かない男子グループ。発言権が弱い児童の意見をばかにする。
【女子】E（優希），O，P：休み時間は一緒にいる。ほかの児童を受け入れない雰囲気。
■4群にプロットされた児童生徒に共通する特徴
【満足群】学級での発言権があり，活動の中心になっている児童が多い。
【非承認群】真面目だが，積極的な行動がとれない児童が多い。
【侵害行為認知群】自分のことしか見えず，やや思いやりに欠ける。
【不満足群】友達関係を築きにくく孤立傾向にある。
■学級の様子と問題と感じていること
・自己中心的な児童の言動を発端にトラブルが続出している。トラブルが起きても自分たちで解決していこうとする雰囲気にはいたらず，公的リーダーが本来の力を発揮できない。

事例4　個性的な児童たちの貢献で活性化した学級

2学期

| 混沌・緊張 | ▶ | **小集団** | ▶ | **中集団** | ▶ | 全体集団 | 自治的集団 |

リーダーシップを発揮できる児童が学級内に複数育ってきた

■Keyword：新たな公的リーダーの育成／リーダーとフォロワーの役割交代

1学期を振り返って

　学級担任主導で児童たちとめざす姿を共有し，ルールを確認し，学級での生活や活動を進めていくなかで，学級のルールは少しずつ確立されていった。また，一人一役を明確に与えたことで，力はあってもこれまで前に出る機会のなかった児童のなかに，公的リーダーになりうる素質が育ってきたと考えられる。役割をローテーションさせたことも，リーダーシップの育成には効果的だったと考えられる。ローテーションを始めた当初は，特に「司会」の役割については慣れておらず戸惑う児童がいた。そういう児童に対して，ほかの児童が自分勝手に話し合いを進めようとする様子が見られた。しかし，ローテーションを繰り返すうちに，一人一人に「自分がリーダーとしてがんばらなくては」という意識が育ってきたようで，学級担任に促される前に自分の役割を果たそうと奮闘する児童が増えていった。さらに，「⑬のチカラ」や「一番星賞」の取組みを継続した結果，自発的に建設的な行動をとれる児童が増え，特別な支援を必要としている児童の反抗的な態度も少しずつ減ってきた。

　いっぽうで，軽度の発達障害のある寛太（H）らは，学習に見通しがもてずに不安感が募り，授業に集中できず，勝手に振る舞ってしまうことがあった。それに同調するように，私的リーダーである颯太（A），大介（B）らが自分勝手に発言したり，揚げ足を取ったりしてトラブルに発展することもあった。勝手に発言したり教室を飛び出したりしても許される寛太の存在を不満に感じている児童や，トラブルが起きても止めようとしない児童がいた。児童たちが安心して学習できる環境の調整が必要だと考える。

考えられる対策

①すべての児童にとってわかりやすい授業づくりを行い，学習環境を整える

　どの児童も学習の見通しをもって授業に集中できるようにするために，授業改善が必要だと考えた。そこで，UDL（学びのユニバーサルデザイン）の観点を盛り込んだ授業づくりを行う。①学習の流れの提示，②学習の経過がわかるような教室掲示の工夫，③コーピングモデルを示したノート指導などを行う。その際，ICTを積極的に活用し，視覚的にわかりやすい手だてを講じる。こうした手だてにより，特別な支援を必要としている児童を含めたすべての児童にとってわかりやすい授業を提供し，これまで授業に集中できなかった児童の満足感を向上させることをめざす。

②新しい公的リーダーを育成する

　1学期に，どの児童もさまざまなリーダーの役割を経験するなかで，公的リーダーになりうる素質のある児童が複数育ってきた。陽菜（C）や一郎（F）などの一部のリーダーへの負担を軽減していくこともねらって，これまで，力はあるが前に出てこられ

なかった児童に活躍の場を与え，リーダーシップを発揮する児童を学級内に増やす。

こう動いた！ ▶▶▶　　　　　　　　　　　　　　　説得的リーダーシップ　参加的リーダーシップ

新しいリーダーを増やし，児童が建設的に行動できるような体制をつくる

　1学期に，生活班を軸に学習や集団活動に取り組んだ結果，学級内の閉鎖的な小グループはほぼ解体され，一部の特別な支援を必要としている児童を除いては，小集団で活動できるようになってきた。

　2学期になり，自ら建設的に行動できる児童が増えつつある。学級のために，リーダーシップ，フォロワーシップがとれる児童を育てながら，小集団でできている取組みを中集団でもできるようにしていく。2学期は学級や学年などの大きな集団で取り組む行事のなかに，公的リーダーだけでなく，私的リーダーやこれまでリーダー経験の少ない児童が活躍できる場面を意図的につくっていく。

ルール確立はこうした！

❶自治的に活動できるようにするために，1学期から継続してきた学級のルールについて，児童自らルールを確認したり，児童同士で声をかけ合ったりさせる。

❷長縄跳び大会，運動会に向けて，全員が協力して1つの行事に取り組めるように，学級のめあてを掲げ，達成をめざして児童同士で声をかけ合わせる。

❸2学期は行事が続き，時間割変更が起こりやすいなかで，こだわりの強い児童も見通しをもって活動することができるように，1日の学習の流れを提示するだけでなく，1週間の予定を見える位置に掲示しておく。

❹授業に集中して取り組むことのできる児童が増えることをねらって，ICTを活用しながら授業内容や児童の活動を明確化する。

リレーション形成はこうした！

❶前向きな声をかけ合ったり，困っている人を助けてあげたりできる児童同士の関係づくりをめざして，1学期に引き続き，意図的に児童同士の認め合いの場を設ける。

❷児童たちの責任を果たす行動を強化するために，さりげなく学級に貢献している児童を紹介したり，グループごとにメンバーの「よかったさがし」を行ったりする。

❸児童同士の人間関係を広げるために，みんなで遊ぶ楽しさを経験させたり，かかわり合いの少なかった児童同士で接する機会を増やしたりする。週に2回，レク係が中心となって全員遊びを行う。

❹児童同士の意見交流が活発になることをねらって，タブレットや電子黒板を活用した協働学習を展開する。

リーダー，フォロワー育成はこうした！

❶これまで公的リーダーの陰に隠れて前面に出てこなかった莉子と花音を長縄跳び大会の活動の中心となる「回し手」に据える。

❷運動会の取組みを通じて，私的リーダーの颯太，大介らのよさが前面に出てくること，それぞれに達成感を味わわせることをねらい，颯太，大介らに公的な役割を与

> 事例4　個性的な児童たちの貢献で活性化した学級

える。
❸ 1学期の公的リーダーであった陽菜らは，新しいリーダーをサポートする立場におき，陽菜らにフォロワーとしての役割や責任を教えていく。
❹ 自己有用感を高めるとともに，自覚ある行動をとることや他者と協力することの意識を喚起するために，一人一人に，「責任ある役割を担い，達成の喜びを感じ，自分たちで企画運営した活動が周囲から認められる」というサイクルを体験させる。総合的な学習の時間で取り組む商品販売活動を通して，活動計画，各々の役割と責任について話し合って明確にし，自覚をもって最後までやり遂げられるようにサポートする。
❺ 商品販売活動では，一人一人にリーダーとしての活躍の場を与えるために，これまでリーダーになれなかった児童を，企画，デザイン，販売など各部門の中心に据える。

学級はこうなった！ ▶▶▶　混沌・緊張 ▶ **小集団** ▶ **中集団** ▶ 全体集団　自治的集団

行事を通して，一人一人の児童が学級集団に貢献しようとする場面が増えた

　特別な支援を必要としている児童を受け入れ，困難をサポートしようとする児童が増えてきた。また，特別な支援を必要としている児童も，友達から認められることで自信をもち，積極的に活動に参加できるようになってきた。

　私的リーダーやこれまで前に出てこられなかった児童に意図的に活躍の場を与えることで，学級内が活性化してきた。

　長縄跳び大会や運動会では，練習を通して，技能が高まる喜び，友達とかかわることやみんなで取り組むことの楽しさに多くの児童が気づいたようだった。児童たちに，自主的に練習したり，そのなかでアドバイスをし合ったりする姿が見られるようになった。学級全体が共通のめあてをもち行事に取り組むことで，互いを認め合い，集団の凝集性を高めることができた。

　公的リーダーだけでなく，ほかの児童もリーダーの役割を経験することで，より多くの児童がリーダー性を身につけることができるようになった。また，学級担任が新しいリーダーを上手にサポートしている公的リーダーを認めることで，フォロワーとしても行動できるようになった。

おもなリーダー，フォロワー

・これまで前面に出ることが少なかった莉子（Q），花音（R）らは，行事を通して全体をリードできる力が身についてきた。
・陽菜，葵は，いままで通り活躍しつつも，行事ごとのリーダーを上手にサポートしていた。
・颯太は，運動会の綱引きのリーダーに，大介は応援団に選ばれ，責任ある立場で全体を牽引した。これまでは，自分の意見だけを押し通そうとしていたが，みんなの意見を集約しようという姿が見られるようになってきた。

2学期の学級集団の状態（想像図）

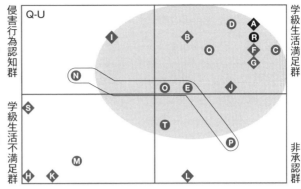

■学級の公的リーダーの児童生徒
【男子】Ⓐ(颯太)：運動神経がよく，体を動かして活動することが好き。学級をよいほうにも悪いほうにも引っ張る力がある。冗談などを言って場を盛り上げることができるので，女子からも人気がある。仕事を与えられると一生懸命にがんばる。

【女子】Ⓡ(花音)：能力が高い。真面目で温厚。何にも一生懸命に取り組むことができる。

■学級で影響力の大きい，陰で仕切るような児童生徒
【男子】該当なし。
【女子】該当なし。

■態度や行動が気になる児童生徒
【男子】Ⓗ(寛太)：少しずつ感情のコントロールをすることができるようになった。周りの児童からも受け入れられるようになり，以前よりもトラブルが減っていった。

Ⓢ(直樹)：わざと奇抜なことを言って周囲の注目を引こうとしたり，Ⓗ(寛太)をからかってわざと怒らせたりするようになった。

【女子】Ⓜ：ものの言い方がきつい。全員遊びの日には集団のなかに溶け込むことができるが，それ以外の日は居場所がないせいか，教師とのかかわりを好む。

■プロットの位置が教師の日常観察からは疑問に感じられる児童生徒
【男子】該当なし。
【女子】該当なし。

■学級内の小グループを形成する児童生徒
【男子】該当なし。
【女子】Ⓔ，Ⓝ，Ⓞ，Ⓟ：グループにⓃを加え活動するようになった。

■4群にプロットされた児童生徒に共通する特徴
【満足群】建設的な行動をとることができる児童が多い。なかには，やや自己中心的な言動にいたってしまう児童もいる。

【非承認群】真面目に行動できる児童が多いが，周囲から承認されにくい。

【侵害行為認知群】自己中心的で勝手に振る舞う傾向がある。

【不満足群】友達関係を築きにくく孤立傾向がある。

■学級の様子と問題と感じていること
・一部の限られたリーダーだけに頼っていると，過度な負担がかかってしまう。リーダーが固定されないためにも，私的リーダーやこれまでリーダー経験の少ない児童が活躍できる場面を意図的につくっていく。一人一人が自分の役割や責任をしっかりと果たせるようになることで，自治的な集団づくりをめざしたい。

・不満足群にプロットされている児童は，特別な支援を必要としている児童が多い。その都度，個別に対応したり，個々に目標を設定したりして活動させていく。

事例4　個性的な児童たちの貢献で活性化した学級

3学期

混沌・緊張 ▶ 小集団 ▶ **中集団** ▶ **全体集団** ▶ 自治的集団

支え合う雰囲気が生まれたが，自己有用感の低い児童も数名いる

■**Keyword**：自己有用感の低い児童／児童主体の活動

2学期を振り返って

　私的リーダーが，公的リーダーに，週に二度は休み時間に全員で遊ぶことを提案し承認された。学習や生活場面でも，困っている児童に対して，同調したり揚げ足を取るのではなく，声をかけサポートする場面が多く見られるようになった。リーダーとしての自覚が芽生えてきたのか授業中の私語も減り，学級全体として落ち着いて授業に取り組めるようになってきた。

　学級への帰属意識の高まりとともに，互いの役割を理解し合い，互いに尊重し合って，自分たちで声をかけ合いながら活動を進められるようになった。

　学級全体に支え合う雰囲気が生まれたことにより，寛太（H）が学級のなかで承認され始めたが，それをあまりよく思わない直樹（S）は，わざと奇抜なことを言って周囲の注目を引こうとしたり，寛太をからかって怒らせたりするようになった。寛太をサポートしたり承認したりする児童も増えてきているが，寛太に対するからかいや不信感を表す言葉が出てしまう児童も数名いる。

考えられる対策

①学級全体の支え合う雰囲気を強化する

　学級全体に対して，寛太に対する接し方やかかわり方を考えさせ，行動できるようにしていく必要がある。そこで，寛太の学習面での支援を，児童同士のかかわり合いのなかで進めていけるように，協働学習の場面をさらに増やす。

　また，寛太を手助けするよう頼んだり，その行動を認めたりすることで，互いの苦手なことを助け合いながら生活すると，学級のみんなが気持ちよく過ごせるという経験を積ませる。

②自己有用感の低い児童に対する手だて

　寛太をからかう児童は，寛太ばかりが学級のなかで承認されてきている状況に不満をもっていると考えられる。彼らの自己有用感を高めるために，学級のなかで承認される経験や場を与える。そこで3学期には，自己有用感を高められるように，意図的に活動のリーダーに据え，友達から認められる経験を増やす。

③自治的な学級集団の形成

　学級集団が自治的になることをめざして，一人一人が自分の役割や責任をしっかりと果たせるようにサポートしていく。2分の1成人式，6年生を送る会，お別れ会など3学期の行事の企画・準備等を通して，「みんなで協力しながら自分たちの力で課題を解決していこう」とする気持ちを高めていく。行事を通して，「みんなでやるからこそ成功させられる」という喜びや達成感を体感させる。

こう動いた！▶▶▶　　　　　　　　　　　　　参加的リーダーシップ　委任的リーダーシップ
児童が主体的に活動できるように学級担任が仕向ける

　与えられた役割や，学級のルールに従って活動できるようになってきた。
　3学期は，自主的に活動し，自分たちで成し遂げられたという達成感をもたせるようにする。2分の1成人式，6年生を送る会，お別れ会では，学級担任は方向性を示すが，陰でサポートをしながら児童が主体的に活動できるよう仕向けていく。そのなかで，2学期までにリーダーとして活躍した児童にフォロワーの役割を任せ，さらにリーダーシップをとれる児童を増やしていく。また，自己有用感の低い児童には，承認される機会をつくるために，意図的に責任ある役割を任せる。
　自治的な学級集団への成長をめざして，必要な仕事を児童に考えさせ，どの児童も自分の役割や責任をしっかりと果たせるようにする。

ルール確立はこうした！
❶自分の役割や仕事に責任と自覚をもたせるために，2分の1成人式，6年生を送る会，お別れ会に向けて，児童一人一人が必ずいずれかの行事の担当にさせる。
❷それぞれの行事の大まかな活動の内容やスケジュールなどを全体で確認し，見通しをもたせたうえで，自分たちで必要な役割や仕事について話し合わせ，活動を進めさせる。児童が安心して自主的に活動できるように，もしもうまくいかなかったり，困ったりした場合にはサポートすることを伝えておく。
❸継続してきた学級のルールについて，できているところ，まだできていないところを確認し，現状に合ったルールを児童と話し合って決める。寛太がルールを守らないときには，学級担任が毅然とした態度で指導する。

リレーション形成はこうした！
❶「人をばかにするような言動は絶対に許さない」という学級担任の姿勢を強く示しつつ，さりげなく寛太をサポートしてほしいということを伝える。児童同士で互いにサポートし合う行動を奨励し，できていたら賞賛する。
❷これまで4人の生活班を基準にグループ活動させてきたが，児童同士のかかわりを広げていくために，学習や行事の活動内容に無理が出ない範囲で1グループの人数を増やす。

リーダー，フォロワー育成はこうした！
❶力があっても遠慮がちで前に出ない児童に対しては，ふだんの生活のなかで小さな役割を任せ，成功体験を積ませる。自らリーダーに立候補できるよう自信をもたせるために，個別に「君ならできるよ」「期待しているよ」ということを伝える。
❷自分たちで成し遂げられたという達成感を味わわせるために，必要な役割や仕事についてはなるべく児童たちに決めさせる。活動の途中で少しぐらい失敗してもかまわないが，リーダーが挫折してしまわないよう，学級担任が児童の活動の様子をよく観察し，さりげなくアドバイスしたりサポートしたりする。
❸承認される機会を意図的につくるために，直樹に責任ある役割を担わせる。

事例4 個性的な児童たちの貢献で活性化した学級

学級はこうなった！ ▶▶▶ 　混沌・緊張 ▶ 小集団 ▶ **中集団** ▶ **全体集団** 　自治的集団

自主的にルールを守り，友達と協力しながら，主体的に活動できるようになった

　休み時間は，全員遊び以外の日でも，レク係が中心となって声をかけ合い，多くの児童が一緒に遊ぶことが多くなった。お互いを認め合うことができるようになったので，トラブルが起きたときにも，はじめから学級担任に頼るのではなく，自分たちで話し合って解決できるようになってきた。

　1学期から継続してきた話し合い活動が，自治的に進められるようになり，授業中や学級会での話し合いの場面でも，自分勝手に話したり，友達の意見をばかにしたりする雰囲気がなくなった。自分の意見と異なる発言をする児童がいても，はじめから反対せずに，最後まで話を聞いたうえで，自分の意見を発表できるようになった。一部の発言力の強い児童だけの意見が通ることはなくなり，みんなで話し合った意見を尊重し，例え自分と違う意見が通ったとしても素直に受けいれられるようになった。

　これまでは前面に出られなかった児童が活躍できる場面が増え，多くの児童がリーダーとしての立場を経験することができた。大きな行事に向けて，どんな仕事が必要か，2学期までの経験を踏まえて児童同士で話し合うことができた。リーダーを経験した児童をフォロワーの立場に据えたことで，フォロワーの児童が自分の経験をもとにアドバイスすることができ，新しいリーダーも安心して活動に取り組むことができていた。

　これまでは学級担任主導の指示が多かったが，児童からやってみたいことや，こうしたらもっとよくなるのではないかなど，次々にアイデアを出し，活動を自分たちでよりよいものにしていこうとする姿が見られるようになった。

おもなリーダー，フォロワー

・気の利く女子や発言力の強い男子のなかで，信頼は厚いがリーダーとしての力を発揮できずにいた圭吾（G）が，6年生を送る会の運営に自ら立候補して満場一致で承認された。もともと力がある児童だったので，これまでの経験を生かして全体をまとめようとする姿が随所に見られるようになった。

・私的リーダーとして陰で女子の一部を仕切っていた優希（E）は，2分の1成人式で，全体の責任ある立場を担うことになった。葵（D）とともに活動させることで，これまで友達との関係をうまく築けずにいたクラスメートのことも気にかけ，一緒に活動できるようなった。

・クラスメートからの承認を得られず寛太（H）にちょっかいをかけていた直樹は，お別れ会の運営リーダーに選ばれたものの，全体をうまく統括することができず悩んでいた。さりげなく学級担任がアドバイスしたり，颯太（A）から上手にサポートしてもらったりして活動を進めていくことで，達成の喜びを感じているようだった。

3学期の学級集団の状態（想像図）

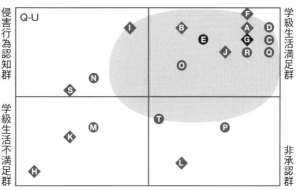

■**学級の公的リーダーの児童生徒**
【男子】Ｇ（圭吾）：気の利く女子や発言力の強い男子のなかで，信頼は厚いがリーダーとしての力を発揮できずにいる。
【女子】Ｅ：これまでは，私的リーダーとして陰で女子の一部を仕切っていた。みんなから承認されたいという意識が強い。

■**学級で影響力の大きい，陰で仕切るような児童生徒**
【男子】該当なし。
【女子】該当なし。

■**態度や行動が気になる児童生徒**
【男子】Ｈ（寛太）：パニックになったときでもしばらくするとクールダウンして自分で席に戻れるようになった。
Ｓ（直樹）：感情の浮き沈みが大きい。自分勝手に振る舞うこともあれば，困っている児童に対してやさしい言葉をかけたりサポートしたりすることもある。
Ｂ（大介）：自分勝手に話したり，友達の意見をばかにする雰囲気がなくなった。
Ｌ：友達にサポートしてもらいながら，与えられた仕事に対して責任をもってやり遂げようと努力する姿が見られるようになった。
【女子】Ｎ：休み時間に1人でいることが多かったが，少しずつ友達とかかわるようになってきた。

■**プロットの位置が教師の日常観察からは疑問に感じられる児童生徒**
【男子】Ｈ（寛太）：友達からも受けいれられ，自分でもがんばりを認めているわりに，要支援群にいる。
【女子】該当なし。

■**学級内の小グループを形成する児童生徒**
【男子】該当なし。
【女子】該当なし。

■**4群にプロットされた児童生徒に共通する特徴**
【満足群】リーダーやフォロワーとして活躍し，活動の中心になっている児童が多い。
【非承認群】リーダー経験のある児童のフォローのもと力を発揮できる児童が多い。
【侵害行為認知群】リーダーの役割は担えるが，フォロワーの役割が苦手な児童がいる。
【不満足群】個別の支えを受ければ，友達と協力して活動できる児童がいる。

■**学級の様子と問題と感じていること**
・大きな行事を活用しながら，より多くの児童に責任のある立場やリーダーを経験させ，新たなリーダーを増やし，いままでリーダーの役割を担ってきた児童をフォロワーの立場におくことで，学級集団としての活動をさらに活性化させた。
・今後も，より多くのリーダー，フォロワーを育成することで，自治的に活動できる学級をめざしていく。

事例4 個性的な児童たちの貢献で活性化した学級

おわりに

1年間を振り返って

　当該学級は特別な支援を必要としている児童が多く，4月当初は，その児童たちへの対応に追われた。すべての児童にていねいに向き合う余裕がないもどかしさを感じながら過ごすことが多く，学級担任も疲弊の色が隠せなかった。そうした状況のなかで，真面目で責任感のある児童ほど，学級をまとめようとがんばるがうまくいかず，自信をなくしていた。学級が，一部の児童によってかき回され，児童同士が学び合い成長する環境が整っていなかった。

　そのため，まず1学期には，早い段階で学級のルールを定着させること，役割を明確化し，一人一人に責任をもって仕事をする経験をさせること，小さなことでもほめ，学級全体で認め合いの心を育てていくことを意識して指導した。特別な支援を必要としている児童がパニックになっても，学級の児童にそれを受けいれるあたたかい雰囲気があることで，児童たちは学級への帰属意識をもって行動できるようになっていった。そのなかで，学級担任は，「本学級は，個性や主張が強い児童が多く，全体としてのまとまりが欠けていただけで，ルールやリレーションを学級担任が整理してあげることで，よい方向に転換することができるのではないか」という見通しがもてた。

　2学期以降は，学級内にリーダーシップを発揮する児童を増やそうと，大きな行事を活用しながら，より多くの児童に責任ある立場やリーダーの役割を経験させた。それと同時に，いままでリーダーの役割を担ってきた児童をフォロワーの立場におくことで，学級の集団としての活動をさらに活性化させることを意識した。公的リーダーは，リーダーシップを発揮しつつ，ほかの児童をサポートすることができるし，それを承認してもらえることで疲弊せずにさらに自信をつけることができると考えた。より多くのリーダー，フォロワーを育成し，自治的学級集団をめざして学級集団づくりを進めることで，一人一人の児童が学級の一員としての意識を高めることができると考えた。

　4月には集団としてのまとまりがなく心配したが，3学期には，5年生での学級編成替えを意識して，多くの児童がかかわり合って楽しそうに過ごす様子が見られるようになった。そして，学級に集団としての親和的なまとまりや建設的な雰囲気が生まれ，当該学級の児童たちが本来もつ明るさや行動力がいい意味で前面に出てくるようになった。

　学級担任は，学級を，児童が多くの人とかかわり合いながら多くのことを学んでいける集団にすることが大切である。いい学級をつくるためには，学級のなかに建設的に動ける児童を育てていく必要がある。今回の実践を通して，基本的なルールと児童同士のリレーションの確立があってこそ，そういったリーダーシップを発揮できる児童の育成がかなうのだと痛感した。

第3章 学級集団づくりの事例

ダイジェスト
規律を取り戻し児童た

学級集団はこう変化した！

1学期（5月）
- 満足群に43％
- 非承認群に公的リーダー
- 不満足群と侵害行為認知群に私的リーダー

2学期（10月）
- 満足群に47％
- 不満足群に私的リーダー

3学期（2月）
- 満足群に73％
- 侵害行為認知群に公的・私的リーダー

　自分勝手な私的リーダーに影響されない学級集団づくりを行った4学年の実践である。当初、男子には前年度の荒れの中心人物がおり、トラブルが多く、女子にはわれ関せずの態度をとる児童が多かった。学級担任は、授業規律、生活規律を見直し、どちらかというと控えめな児童との人間関係の構築を進めながら、下級生に演技を教える活動を通して全員にリーダーを経験させた。最終的に実行委員を中心に意見を出し合い行事を成功させた。

● 学級担任のおもな特徴
40代前半の女性。

どのように学級経営を進めたいか？
- 「児童が自分を出しきって活動することができる学級」を理想像としている。「だれもが居心地のよい教室」をつくること、「感じて動ける子ども」を育てることに取り組んでいる。
- 「学級を絶対に荒れさせない（規律の確立した学級をつくる）」ということを第一に考えている。「人の悪口を言わない」「他の人のよいところをほめる」「どんな子もがんばれるようにする」という指導を大切にしている。

どのようにリーダーを育てたいか？
- 学級では一人一役を担わせ、学級内のすべての児童に「主体的に動け、学級全体を見つめる力」を育てたいと考えている。
- 「安心して活動できる状況」をつくった後で、徐々に、リーダー体験をさまざまな児童ができるようにしていきたい。弱い立場の児童も含めた全員がリーダーに協力的な態度をとることを最優先に考えて指導している。「前に立ったリーダーに対してマイナス発言をしない」「協力的な聴き方をする」「前向きな発言をする」などの規律づくりを学級担任主導で行っている。
- 「感謝はリーダーの意欲を育てる」と考え、「リーダーに対して『ありがとう』、リーダーが『ありがとう』を言える環境」を学級内につくりたいと考えている。

第3章 学級集団づくりの事例

ちの自信を育てた学級

学級担任はリーダーシップをこう切りかえた！

1学期　混沌・緊張 ▶ **小集団** ▶ 中集団 ▶ 全体集団 ▶ 自治的集団

「私たちの学級」という意識がなく，好き勝手に振る舞っている

おもな活動：●学級開き　　▶P96〜99

こう動いた ▶▶▶ 何のためにルールが必要かを明確にしてルールの契約をする

私的リーダーの自分勝手な振る舞いに対して，学級担任が前面に出て阻止した。マイナス発言やマイナス行動に対して，即座に「やり直し！」と大きな声で止め，代わりの言い方ができるまで全員の前でやり直しをさせた。真面目にやるべきことをやっている児童を承認し支えた。正義感の強い児童を，いじめにあいやすい児童と一緒の班にし，見守った。

こうなった ▶▶▶ 学級担任が示した価値にそって行動する児童が増えてきた

▼

2学期　混沌・緊張 ▶ **小集団** ▶ **中集団** ▶ 全体集団 ▶ 自治的集団

課題や改善の方向は共有されてきたが，自信がなく行動に移せない

おもな活動：●運動会　　▶P100〜103

こう動いた ▶▶▶ 公的リーダーを中心に，「やればできる！」という達成感を味わわせる

運動会の取組みを通して全員に小グループのリーダーを体験させた。3年生と合同で行う「ソーラン節」では，3年生のがんばりや，クラスメートによる「3年生に対するよいかかわり」を発見させ交流させた。クラスメートとのかかわりを深めさせることをねらい，トラブルの多かった男子の私的リーダーと，力はあるが学級に対し一歩引いていた女子に，リレーのチームリーダーを任せた。

こうなった ▶▶▶ 目標の達成に向けて，ルールを守りかかわり合おうとする姿が増えた

▼

3学期　混沌・緊張 ▶ 小集団 ▶ **中集団** ▶ **全体集団** ▶ 自治的集団

学級担任が一緒にいれば学級全体で前向きに取り組めるようになってきた

おもな活動：●2分の1成人式　　▶P104〜107

こう動いた ▶▶▶ 学級担任は黒衣に徹し，自主的な行動を価値づける

「2分の1成人式」について，実行委員を募り，児童の考えに基づいて「計画・進行・振り返り」をさせるという方式で行った。学級担任は黒衣に徹することを基本としたが，おとなしい児童からは雑談のなかで意見を聴き，さりげなくみんなに広めるなど「つなぎ」の役割をした。そして，「困ったことが起きたら自分たちで解決しようとすること」「だれもが当事者意識をもち行動できること」が大事であると気づかせるために，「どうするとよいと思う？」などの働きかけを増やした。

こうなった ▶▶▶ あたたかい声かけが増え，自分たちで仲間とつながり動くようになった

95

事例5 規律を取り戻し児童たちの自信を育てた学級

1学期

| 混沌・緊張 | ▶ | 小集団 | ▶ | 中集団 | ▶ | 全体集団 | 自治的集団 |

「私たちの学級」という意識がなく，好き勝手に振る舞っている

■Keyword：育て直し／最低限の規律の徹底

どんな学校か
・郊外の古くからある住宅地にある，1学年2学級の中規模校である。
・経済的に安定している家庭と困窮している家庭が混在している。

どんな学級か
・事例学級4年1組の児童数は34名（男子17名，女子17名）である。
・毎年学級編成替えを行っており，学級編成直後である。
・前年度，学級崩壊を起こし，その雰囲気が根強く残っている。

どんな人間関係が見られるか
・学力は高いが，かっとなりやすく暴力的な順平（A）と，前年度学級崩壊の中心人物であった雅弘（B）は，お互いにライバル意識が強く，2人の間にはトラブルが多い。2人とも学級全体を巻き込みながら好き勝手に動いている。
・春香（C），美江（D），信雄（E）は，もち前のリーダー性はあるように見受けられるが，自分からリーダーシップを発揮しようとはしない。
・武（F）は男子からの人気が高い。無気力気味である。
・おしゃれが好きな有里沙（G）は，学力が高く，男女共に人気があるが，学級に対して距離をおいている感がある。
・学力に課題が見られる明典（H），二郎（I），哲人（J），仁史（K）は，順平と雅弘が自分勝手に振る舞う状況に乗じて，好き勝手に行動している。
・家庭環境が複雑な絵梨（L）と真穂（M），低学年のときよりずっといじめにあっている麻里（N）は，教室では1人でじっとしていることが多い。

こう動いた！ ▶▶▶ 〈教示的リーダーシップ〉

何のためにルールが必要かを明確にしてルールの契約をする

　学級内にルールの確立が弱く，また同時に児童が教員への不信感を強くもっているように感じられる。
　そこで，1からの育て直しプロジェクトとして，学級担任が前面に出て学級内の全員を守る姿勢を示すことと，教員がどのようなルールで動いているかをはっきり示すことから始める必要があると考えた。

ルール確立はこうした！
❶学級目標を定める際は「自分たちのできていないこと」「こんなことができるようになりたいというもの」を考えさせる。学級目標には学級担任の願いも込める。学級目標を設定する話し合いは学級担任が主導して進める。

❷「学級担任が叱るとき」をあらかじめ宣言しておく。「先生が叱るときは4つ。①友達の心を傷つけたとき，②うそをついたりごまかしたりしたとき，③人に迷惑をかけたとき，④命にかかわるようなことをしたときです。『○○（担任名）憲法』と名づけます」。

❸授業と生活の基本的なルールを徹底する。「チャイム着席できないために授業の開始が遅れたときは，遅れたぶんだけ休み時間に授業を行う」「あいさつの仕方の手本となるよう，学級担任が明るく教室で子どもたちを迎える」「学級内では一人一役を担うとし，責任をもって役割を果たしているか，帰りの会で振り返る」など。

❹「小さな問題も見逃さず，必ず解決する」という学級担任の姿勢を児童に示す。

❺毎日テーマを決めて，基礎的なソーシャルスキルを練習させる。児童用教材『みんなのやくそくノート』（図書文化）を活用する。また，毎週，ゲーム感覚でできるソーシャルスキルトレーニングを行う。「後出しジャンケン」から始める。

❻児童たちのよい姿を，学級担任が帰りの会で伝える。名前を出さずに行う。

❼「学級に迷惑をかける行為，失敗は，自分で責任をとる（謝る・やり直すなど）」というルールを学級全体で共有しておく。そのような行為がある都度，学級への謝罪をさせたうえで，正しくできるよう支援する。責任のとり方は自分で考えさせたり，学級担任から選択肢を与えて決めさせたりする。そのうえで実行の場合には学級担任が立ち会う。その後，場合によっては，学級全体で話し合いの場をもつ。

リレーション形成はこうした！

❶学級担任の所信表明を行う。「みんなのことを，大切に思っているよ。だから，先生は何が何でもクラスの全員を守る。だめなときは，すごく叱る！ みんなで，3月にこのクラスでよかったって思えるようにしよう」。

❷私的リーダーの様子や周りの児童のかかわり方など，学級内の人間関係をつかむために，学級担任が輪に入るかたちで，毎日，学級遊びを行う。

❸おとなしい児童たちと学級担任の関係を構築する。学級担任は，給食時に順番に児童の席で話をしながら一緒に食事をすることなどを積極的に行う。

❹「ありがとう」を言い合う取組みを行う。「プリントを渡し『どうぞ』，プリントを受け取り『ありがとう』」のように小さなことでも言い合うことを学級全体で確認する。

❺話の聴き方を指導する。あらかじめ話の聴き方のポイントを示しておき，毎回授業後にワークシートに振り返りを記入させる。

❻真面目だが学級の雰囲気に嫌気がさしている児童たちと学級担任の関係を構築する。学級担任から学級のことなどで相談をもちかけ，相談にのってもらったら「助かったよ。ありがとう」と感謝を伝えていく。

リーダー，フォロワー育成はこうした！

❶正義感の強い美江と，いじめにあっている麻里を一緒の生活班にして，美江の麻里に対するサポートを見守る。

❷児童が真面目にするべきことをきちんとしているときは，承認の言葉かけを欠かさ

ず行う。
❸私的リーダーの自分勝手な振る舞いに対しては，学級担任が即座に「やり直し！」と大きな声で止めたうえで，代わりの言い方や代わりの行動ができるまで，全員の前でやり直しをさせる。

学級はこうなった！ ▶▶▶ 混沌・緊張 ▶ 小集団 ▶ 中集団 ▶ 全体集団 ▶ 自治的集団

学級担任が示した価値にそって行動する児童が増えてきた

　学級目標は，「人の話を心から聞く，友達を思いやる，時間・きまり・約束を守る1組」に決まった。

　時間の経過とともに，児童たちは，少しずつではあるが，話を聞くことへの意識が高まっているように見られた。それとともに，授業中の発言は，私的リーダー以外の発言が増えてきた。

　何かをしてもらったときに，してもらった相手に「ありがとう」を伝え忘れている児童がいると，「ありがとうチャンスを見逃しているよ」と，児童同士で声をかけ合う姿が見られるようになった。

　しだいに学級担任の指示に従って行動しようとする児童が，女子を中心に増えていった。学級担任は，男女問わず，児童からの相談を受けることが増えた。

　1学期末には，「おかしいな？」と思ったことを注意できる児童が増えてきた。

おもなリーダー，フォロワー

- 美江，武が，少しずつ公的リーダーとして求められる行動や発言をするようになってきた。
- 男子を中心とした麻里へのいじめは見られなくなったものの，彼女と進んでかかわろうとする児童は少なかった。そんななかで，美江を中心とした一部の女子が麻里に声をかけ，一緒に遊ぶ姿が見られた。
- 私的リーダーの順平と雅弘は，4月前半はタッグを組み，学級内で好き勝手に振る舞っていた。4月後半ごろより，お互いをライバル視するように変わっていった。やがて敵対心をむき出しにして，2人で激しい口論やけんかをするようになった。

1学期の 学級集団の 状態（5月）

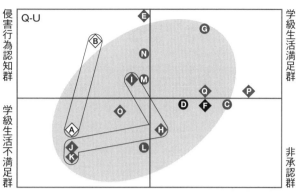

 18%
 43%
 21%
 18%

■学級の公的リーダーの児童生徒
【男子】F(武)：学級内で唯一A(順平)が心を許せる人物。学級の人気者だが、本人は無気力気味。
【女子】D(美江)：能力が高く、先を見て行動できる。真面目で、融通が利かない面もある。きちんとしたいという思いが強く、前年度よりA(順平)やB(雅弘)に対する不満がある。

■学級で影響力の大きい、陰で仕切るような児童生徒
【男子】A(順平)：野球が好きで、地域の少年野球団に所属している。勉強も運動もできる。人をばかにしたような態度をとることや、暴力を振るうことがある。被害者意識が高い。
B(雅弘)：お調子者で、授業中の私語や勝手な行動が目立つ。野球が好き。A(順平)と同じ少年野球団に所属。
【女子】該当なし。

■態度や行動が気になる児童生徒
【男子】E(信雄)：責任感や正義感が強いことから、学級担任が学級の前面に出てくることを期待している。
J(哲人)，O：B(雅弘)と犬猿の仲。
H(明典)：集中力に欠ける。自分の意見がなかなか言えない。友達が少ない。
P，Q：おとなしく、友達がいない。マイペース。
【女子】C(春香)：真面目で学力が高く運動もできる。B(雅弘)が一目置く存在。リーダーシップはとりたがらない。遠慮がち。
N(麻里)：低学年のころより、声の大きな男子からいじめにあっていた。3年時には、おとなしい男子からも疎外されていた。女子からの目立ったいじめはないものの、だれもかかわろうとしない。

L(絵梨)，M(真穂)：家庭環境が複雑で、おとなしく、自分の思いをあまり語らない。友達関係が希薄。

■プロットの位置が教師の日常観察からは疑問に感じられる児童生徒
【男子】該当なし。
【女子】G(有里沙)：容姿端麗で、学力が高い。男女共に人気がある。学級を一歩引いて見ている。

■学級内の小グループを形成する児童生徒
【男子】A(順平)，B(雅弘)：野球つながり。よく一緒に遊んでいる。学級遊びなど、自分たちの都合のよいように勝手にルールを変え、負けると怒る。F(武)が加わることがある。
H(明典)，I(二郎)，J(哲人)，K(仁史)：人とかかわることが苦手で、ネガティブな発言を繰り返す。努力することが嫌い。
【女子】該当なし。

■4群にプロットされた児童生徒に共通する特徴
【満足群】学力が高く、おとなしい。学級内で被害を受けることは少ない。マイペース。
【非承認群】真面目で、ルールを守っている。
【侵害行為認知群】友達が少ない。
【不満足群】面倒くさがり。被害者意識が強い。ネガティブな発言が多い。

■学級の様子と問題と感じていること
・学習規律や生活規律を表面的には守っているようだが、きちんと共有できていない。
・集団行動や協力ができない。

事例5 規律を取り戻し児童たちの自信を育てた学級

2学期

| 混沌・緊張 | ▶ | **小集団** | ▶ | **中集団** | ▶ | 全体集団 | 自治的集団 |

課題や改善の方向は共有されてきたが，自信がなく行動に移せない

■Keyword：全員のリーダー体験／成功体験／公的リーダーの育成

1学期を振り返って

　学級担任主導で規律の徹底を図ったことで，互いに傷つけ合うようなことは少なくなった。しかし，学級としての意識は弱く，児童同士のつながりが弱いように感じられた。また，前学年で，全校的な取組みがあっても，いつもこの児童たちの学年は最下位だった経験もあり，学級全体に無力感が充満していることがわかってきた。

　児童たちは「きちんと授業を受けたい」「安心して学級にいたい」という気持ちが強いにもかかわらず，私的リーダーに振り回され，掃除の手を抜いたりおとなしいクラスメートに対して自分勝手に振る舞うなどの行動をとっていた。また，何かを取り組むにあたって「どうせ，協力しない人がいる」「絶対にちゃんとやらない人がいる」「がんばってもむだ」……とネガティブな考えが依然として残っていた。運動会や図書イベント，教室美化グランプリといった全校的な取組みを通して，児童に達成感を感じさせ，学級内のネガティブな雰囲気を払拭したい。

　いっぽうで当初タッグを組んでいた私的リーダーの順平（A）と雅弘（B）が，1学期末にはすっかり対立関係に変わってしまったことが気がかりである。

考えられる対策

①児童同士の認め合いを促す

　児童同士でお互いのよいところ，がんばっているところなどを，毎日交流させる。学級担任が必ず一緒に入って，認め合う場となるようにする。交流するのは，「あいさつの声が大きいね」「いつも元気だね」といったたわいもないことでもかまわないとする。

②達成感を味わわせる

　成功体験の少ないと思われる児童たちなので，「やればできる」という手応えを感じさせ，「どうせできない」という思いを払拭する。全校的な取組みを通して，校内で一番になれるように学級全員で取り組ませる。必ず「学校一」になれるよう，支援していく。

こう動いた！▶▶▶　　　　　　　　　　　　　教示的リーダーシップ　説得的リーダーシップ

公的リーダーを中心に「やればできる！」という達成感を味わわせる

　学級全体が私的リーダーに流されることはなくなったので，公的リーダーを中心に正当なリーダーシップを育てるチャンスととらえている。

　2学期のさまざまな行事のなかで全員にリーダーの役割を体験させる。それらの機会を利用して，リーダーをサポートするフォロワーの立ち居振る舞いを考えさせ行動

させる。

ルール確立はこうした！

❶学級担任が授業や活動中に私的リーダー以外の児童ともかかわる時間を多くもつために，問題行動への個別対応は，本人と約束したうえでなるべく放課後に行うようにする。

❷学級内の困り事を児童に語らせ，新しい学級のルールとする。

❸困ったときは自分から助けを求められるようにする。運動会期間中の，縦割り班で動く機会を活用する。

❹全校の取組みに参加した後は，みんなで達成できた喜びを共有する。

❺けんかになったひとことや言われて腹が立った言葉などを，当人同士で「言い直し」をさせ，同じようなことが次にあったときの対応のモデルにさせる。また「口論になったときは言い直し」を合い言葉にする。

❻「成長したいところ」「困っていること」として自分の短所を自己開示し，全体で交流する。

リレーション形成はこうした！

❶学級担任が一緒に入る「女子会」「男子会」というお楽しみ会を催す。

❷運動会期間中，友達のよいところを見つけ，メッセージカードに書かせる。カードは全体に教室内に掲示する。

❸児童の承認感を高めるために，一日のなかに「ハッピータイム」という時間を設け，「ほめ言葉のシャワー」を行う。

❹麻里（N）は自分からクラスメートに話しかけるのが苦手である。そこで，まずは麻里がかかわりやすい人物を教えてもらい，一緒の班にし，ペア学習をするなかで少しずつ話をさせていく（2学期中は班替えのたびに相談する）。

リーダー，フォロワー育成はこうした

❶運動会の取組みを通して，全員に小グループのリーダーの役割を体験させる。

❷4年生と3年生の合同で行う運動会の演技「ソーラン」の練習のなかで，4年生は3年生を牽引するように指導する。また，3年生のがんばっている姿を発見させたり，友達の3年生へのかかわり方を見てすごかったところを交流させたりする。

❸運動会の学年リレーでは，運動能力が高い私的リーダーをチームのリーダーとし，練習計画や順番などを考えさせる。ほかの児童には，フォロワーシップを発揮させる。

学級はこうなった！ ▶▶▶　混沌・緊張 ▶ **小集団** ▶ **中集団** ▶ 全体集団　自治的集団

目標の達成に向けて，ルールを守りかかわり合おうとする姿が増えた

運動会では，3・4年生で行う「ソーラン」の練習を意識して，「3年生のお手本となり，優しく教えよう！」という目標を児童が自分たちで掲げた。「ソーラン」の練習では，「3年生に並び方を教える」という役割に対して，公的リーダーを中心に張

事例5 規律を取り戻し児童たちの自信を育てた学級

りきって動く児童がいた。その動きに触発されたかのように、ふだんおとなしい児童たちも、3年生にやさしく教えていた。

全校での取組みである、「図書イベント（決められたテーマにそった本を4冊読む）」や「教室美化グランプリ（1か月間）」で校内1位をめざして学級全体が声をかけ合い、協力し、目標を達成した。

2学期を通して、「やればできる！」という感覚を全員が共有でき、その思いは強くなっていった。

おもなリーダー，フォロワー

- 10月ごろまで、何かの役割を決める際には、私的リーダーの順平や雅弘が挙手し、それを周りがしぶしぶ認めるかたちで進んできたが、11月ごろより、役割を決める際に、周りの児童が春香（C）、美江（D）、信雄（E）、武（F）、有里沙（G）といった学級全体のことを考えて真面目に行動しているクラスメートを推薦するようになった。そして、かれらはその推薦を快く受けるようになった。
- 順平、雅弘、春香、有里沙は、運動会のリレーのリーダーを担った。春香と有里沙は得意分野を生かし、同じチームの仲間に的確なアドバイスを出すことができた。順平と雅弘は、勝ち負けにこだわり、チーム内でもめ事が多かったが、ほかのメンバーが協力し合い、よりよくする案を出してサポートしていた。
- 読書好きの春香、美江らは、「図書イベント」の補佐を務めた。帰りの会などを使って、積極的に活動を盛り上げるための働きかけをした。
- 私的リーダーの横暴に対して学級担任が確実に指導するなかで、武、信雄が自分の意見を発言したり正当な役割を自信をもってこなしたりできるようになっていった。

2学期の学級集団の状態（10月）

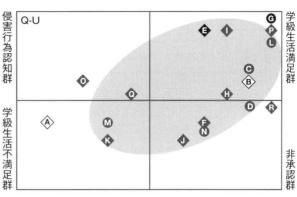

 9%

 47%

21%

 23%

■**学級の公的リーダーの児童生徒**
【男子】 Ｅ（信雄）：自分の思いを全体の場で言えるようになってきた。任せることで、意欲が増した。
【女子】 Ｇ（有里沙）：真面目で学力が高い。以前は消極的だったが、男女からの信頼を得て、発言が増えた。

■**学級で影響力の大きい、陰で仕切るような児童生徒**
【男子】 Ａ（順平）：もめ事があり少年野球団を辞める。目立ちたい、認められたい思いが強いが、周りからの信頼はない。素直になれず、自分の失敗をごまかそうとする。被害者意識が強く、「ぼくばっかり……」が口癖。すぐに暴力を振るう。
Ｂ（雅弘）：好き勝手に振る舞うことが減り、みんなを楽しませ、学級のムードメーカー的存在になりつつある。
【女子】該当なし。

■**態度や行動が気になる児童生徒**
【男子】 Ｏ：Ｂ（雅弘）から冷やかしやちょっかいを受けることが減ってきた。
Ｊ（哲人）、Ｋ（仁史）：ネガティブな発言はあるものの、学級全体の輪に入るようになってきた。
Ｉ（二郎）：得意なサッカーで男子の輪に入りつつある。
Ｈ（明典）：自分の気持ちを表現することが苦手だが、時間をとって待つ対応を受けるなかで、授業中の発言は少しずつ増えてきた。
Ｒ：外国籍で、6月に転入してきた。明るい人柄だが、友達との些細なトラブルが目立つ。サボり感が強く、学習意欲が低い。
Ｈ（明典）、Ｉ（二郎）、Ｊ（哲人）、Ｋ（仁史）、Ｒ：学力が低く、授業の進度についていけない。補充が必要。

【女子】 Ｎ（麻里）：学力が低く、かかわりのスキルが低い。放課後、女子の輪のなかに入り、一緒に遊ぶ姿が多く見られるようになった。自分から「入れて」と声をかけることはないが、輪の側に行き、何となく輪に入っていく。
Ｌ（絵梨）、Ｍ（真穂）：1学期は友達関係が希薄だったが、2学期に入り、新しい友達関係が築けている。

■**プロットの位置が教師の日常観察からは疑問に感じられる児童生徒**
【男子】該当なし。
【女子】該当なし。

■**学級内の小グループを形成する児童生徒**
【男子】該当なし。
【女子】該当なし。

■**4群にプロットされた児童生徒に共通する特徴**
【満足群】公的リーダーになりつつある児童や、真面目に取り組む児童、新たな友達関係を構築できている児童がいる。
【非承認群】学級のなかで弱い立場にある。おとなしい。公的リーダーになることを学級が期待している児童がいる。
【侵害行為認知群】友達関係が修復しつつある児童、新たな友達関係ができつつある児童がいる。
【不満足群】自信がない。ネガティブな発言が多い。家庭の背景や個別の問題を抱えている児童がいる。

■**学級の様子と問題と感じていること**
・学級のルールは定着してきた。
・意欲的に動ける児童と承認感を感じられない児童との二極化が見受けられることは、改善が必要。

事例5　規律を取り戻し児童たちの自信を育てた学級

3学期

混沌・緊張 ▶ 小集団 ▶ **中集団** ▶ **全体集団** ▶ 自治的集団

学級担任が一緒にいれば学級全体で前向きに取り組めるようになってきた

■**Keyword**：話し合い活動／待つ姿勢／間接的指導

2学期を振り返って

2学期は，全校の取組みを通して，「自分たちはできる！」という思いが深まった。また，運動会で，小グループのリーダーを全員が体験したことで，一人一人が自信を深めた。そして，ある程度決められたことは，学級全体で前向きに取り組めるようになってきた。しかし，自主的に何かをつくり出し，自分たちで進めていく力が弱い。例えば「お楽しみ会をやりたい」という意見は出せても，それを実現するために「どんな内容にするか，どう進めるか」というのを自分たちで話し合うことができない。

「こうしたい」という児童たちの意欲を支援すれば，自主的に動き学級をつくり上げるチャンスが出てきたととらえる。

いっぽうで，私的リーダーから公的リーダーが代わって前面に出るようになり，正義が通るようになった反面，私的リーダーの不満も垣間見られる。また，スポットライトを浴びきれていない児童がいることが気になる。

考えられる対策

①児童が自分たちで計画し，協力して進める力をつける

3学期に「2分の1成人式」を行い，保護者にも児童の成長を見てもらう。これまで学級担任主体で進めてきたことを，実行委員を募り，児童に考えさせ，計画・進行・振り返りをさせていく。学級担任は黒衣に徹し，見守る姿勢でサポートする。「全員で成功させたい」という思いをもたせ，実行委員会で決めたことを学級全体に下ろし，学級全体の協力体制で臨ませる。そのために，児童全員からどんなことをしたいか意見を出させたり，実行委員だけでは進めきれない部分については，ほかの児童から支援を頼むようにする。また，児童には秘密で保護者にも協力をしてもらったりする。

②全員が学級の主人公という意識をもたせる

大きなイベントの中心的役割を果たす児童だけではなく，全員が学級の主人公という意識をもたせる。そのために，日々の授業や生活のなかで，自分の得意とすることの発表や，交流を行う。係活動を充実させる。一人一人が輝くようにする。

こう動いた！ ▶▶▶　　　参加的リーダーシップ　委任的リーダーシップ

学級担任は黒衣に徹し，自主的な活動を価値づける

いまの学級状態は，「児童たちに，主体的に考える力，考えを行動に移す力を養う時期にきた」と感じている。

そこで，学級生活や学級で行う活動を「よりよいものにしよう」という児童たちの

気持ちを高めるとともに、一人一人が責任をもって、計画を実行していけるようにサポートする。特に児童たちの自主的な取組みは成功体験に導くように黒衣の立場でサポートする。

ルール確立はこうした！

❶ 「みんなが協力し、まとまることの気持ちよさ」を、成功体験を通して実感できるよう、学級担任は相談役になってサポートする。

❷ 「学級の一人一人が、かけがえのない仲間である」という認識を深められるような、新しいスローガンを設定する（「助け合い（愛）」「認め合い（愛）」「教え合い（愛）」「話し合い（愛）」を日々の学校生活のなかで実行しよう、となった）。

リレーション形成はこうした！

❶ 他者の考えを知ったり、認めたり、自分と比べたりするために、4人グループでのトークタイム（SST）を繰り返し行う。

❷ 「ハッピータイム（ほめ言葉のシャワー）」の継続と、「ありがとう」であふれる関係づくりの支援をする。

リーダー・フォロワー育成はこうした

❶ 美江（D）が、みんなから慕われるようなリーダーになれるよう、「2分の1成人式」の実行委員に選出する。

❷ 多くの児童が「2分の1成人式」の運営にリーダーとして参加できるようにする。全体の計画・進行は実行委員が行い、「呼びかけ」「歌」「リコーダー演奏」など細かい部分のさらなる担当を決めさせる。

❸ 毎週行う「縦割り班遊び」のなかで、4年生として高学年を意識して考えて行動することや、遊びの後の反省会で必ず意見を言うことを徹底させる。

❹ 「困ったことが起きたら、自分たちで解決しようとすること」「だれもが当事者になろうと意識（行動）できること」が大事だと気づかせるために、「どうするとよいと思う？」など、間接的指導を増やす。

❺ ぎりぎりまで学級担任は見守る姿勢に徹し、児童からの自主的な行動を待つ。学級担任は、適宜全体にアドバイスをし、学級全体のよかった点と改善点を示す。

❻ みんなの前で意見を言うことが苦手な児童に自信をもたせる。そういう児童の側に行き、雑談のなかでさりげなく意見を聞く。出してきた意見を認め、みんなの前で発表することを促したり、場合によっては学級担任が代わりに意見を全体に広めたりする。

学級はこうなった！　▶▶▶　混沌・緊張 ▶ 小集団 ▶ **中集団** ▶ **全体集団** ▶ 自治的集団

あたたかい声かけが増え、自分たちで仲間とつながり動くようになった

　一人一人がルールを守ることで、だれもが気持ちよく安心して学校生活を送ることができるということが学級全体に浸透した。また、学級担任が前面に出なくても児童同士でルールを守ろうと声をかけ合う姿が定着した。

事例5　規律を取り戻し児童たちの自信を育てた学級

　2月中旬，二郎（I）の転校が決まり，それを伝えた際に児童たちから，「本人に秘密でお別れ会を計画したい」と申し出があった。学級担任が見守るなかで，児童たちからは「こんな会にしたい」ということについて，あふれるくらい案が出された。準備から製作までのほとんどを，児童たちは張りきってこなした。

　3月の「2分の1成人式」は，実行委員を中心に，練習の進行から，当日の司会運営まですべて児童主体で行った。

　一連の児童たちによる主体的な取組みがいずれも大成功を収めたことは，全員の自信と喜びとなった。その後の卒業式でも，前年度は学校で一番姿勢や態度が悪かった集団が，卒業生に成長した姿を見せて送り出すことができた。

おもなリーダー，フォロワー

・「2分の1成人式」の実行委員になった美江（D）は，ほかの実行委員と建設的な会話を通して，歩み寄りができ，心にゆとりももてるようになった。また，見通しをもって進められる力や臨機応変に発言できる力があるので，ほかの実行委員から頼りにされたり，学年全体からも信頼されたりするなかで，表情もよくなり，責任感と思いやりの気持ちが育った。

・「二郎のお別れ会」の「くす玉」は，仁史（K）が中心となり，哲人（J）や美江がサポートに回った。想像以上の立派なくす玉の完成に，学級のどこからともなく歓声が上がった。自分に自信がもてていなかった仁史が，みんなから認められる場にもなった。

・順平（A）は，「二郎とのお別れ会」を通して素直に自分を出し，「ぼくばかり……」という言葉を発さないようになっていった。また，「2分の1成人式」に向けた取組みのなかで，自由参加形式の練習会に自主的に参加し，特技を生かして歌のお手本を示し，これまであまりかかわることのなかったおとなしいクラスメートともかかわるようになった。

・二郎へ向けて全員が書いたお別れの手紙について，順平が「自分で渡す」と名乗り出て，全員一致で任せることにした。当日，順平は，言葉につまり，大粒の涙をこぼしながらお別れの手紙を時間をかけて読み上げた。その順平の姿に，周りの児童が次々と涙をあふれさせ，最終的に全員が涙で二郎とお別れにすることになった。はじめはなかなか友達に溶け込めなかった二郎と，学級の全員が大泣きで別れを惜しんだことで，さらに児童同士の心がつながった場面でもあった。

・雅弘（B）は，学級担任が，雅弘に成長してほしいと思っていることや，雅弘に学級集団を盛り上げる人になってほしいことを個別で訴えていくなかで，徐々に折り合いの悪かったクラスメートとの関係が改善していった。

3学期の学級集団の状態（2月）

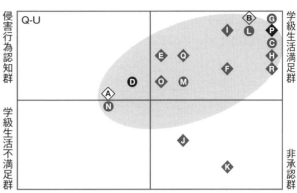

 6%
 73%
12%
 9%

■学級の公的リーダーの児童生徒
【男子】P：授業での活躍が著しい。1学期は控えめだったが，笑顔が増え，だれにでもやさしく接するようになった。
【女子】D(美江)：はじめは自分の意見をかたくなに通そうとする傾向があったが，相手の意見に歩み寄ったり尊重したりできるように変わっていった。

■学級で影響力の大きい，陰で仕切るような児童生徒
【男子】A(順平)：勉強も運動もでき，目立ちたい，認められたい思いが強い。ハッピータイムをだれよりも楽しみにしている。
B(雅弘)：好き勝手することが減った。みんなを笑わせたり，楽しませたりする。
【女子】該当なし。

■態度や行動が気になる児童生徒
【男子】I(二郎)，F：放課後の補充学習に進んで参加するようになった。
H(明典)：授業中の発言が少しずつ増えてきた。自信がついてきたのか，自分の気持ちを表現するのが苦手だったが，笑顔がすごく増えた。
【女子】N(麻里)：学力は低いが，こつこつ努力を続け，基本問題はできるようになった。本人のかかわりのスキルは低いが，周りからの声かけがある。

■プロットの位置が教師の日常観察からは疑問に感じられる児童生徒
【男子】該当なし。
【女子】該当なし。

■学級内の小グループを形成する児童生徒
【男子】該当なし。
【女子】該当なし。

■4群にプロットされた児童生徒に共通する特徴
【満足群】友達関係が充実している。笑顔が多い。学級活動に積極的。公的リーダーや，真面目に取り組む児童がいる。
【非承認群】自信がもてない児童や，得意なことで活躍している児童がいる。
【侵害行為認知群】学力が高い児童，周りから認められたいという気持ちが強い児童，真面目すぎる児童がいる。
【不満足群】自分を表現するのが苦手。おとなしい。

■学級の様子と問題と感じていること
・学級内にルールが確立しており，児童たちは，安心して生活しているように見える。
・意欲的に動ける児童が増えた。
・今後は，「みんなが一丸となって，やりきった」という成功体験を，児童たちに味わわせることができるよう支援していく。

おわりに

1年間を振り返って

　学級開きの日，これから担任しようという学級の教室前廊下に置き傘や代本板などが散乱した様子を見て，教室に入るのを躊躇した。それと同時に，この児童たちを守り愛し，強い絆をつくりたいとも思った。学級開きの日から，帰りに日直と担任が，全員とハイタッチしてから帰るようにした。タッチの仕方ひとつでも，その子の様子を知る機会にもなった。

　自分の実践を振り返って考えると，大別して3段階に分けられると思う。

　第1段階としては，授業規律，生活規律を徹底した。スタート時は，児童との距離感を感じつつも，学級遊びで一緒に遊ぶことと，だめなことは徹底して教えていくことを通じて，真面目な児童たちとまずつながることを目標とした。

　私的リーダーが巻き起こすさまざまなトラブルに対しては，学級全体が私的リーダーに流されない雰囲気をつくることとした。

　一人一人とかかわる際は，毎日の漢字ノートの宿題に，コメントを記すようにした。はじめは，文字に対する評価やアドバイスから始め，しだいにその日に感じたことを伝えるコメントも添えるようにした。おとなしく，元気な児童の影になりがちな児童とは，特にかかわりをもつように配慮した。

　第2段階としては，達成感を味わわせることが必要だと感じた。前年度では，全校の取組みで最下位ばかりだった児童たちが，学級担任が引っ張るかたちでの取組みではあったが，年間4回ある全校の取組みで，すべて1位をとることができた。この経験が，児童の大きな自信になったのだと思う。

　最終段階として，教師が前に出るのではなく，児童が主体的に動ける取組みをさせたいと考えた。児童が計画し，熟考を重ね，成功する体験をすることで，本当の意味で学級全体がまとまり，自治できる集団になることをめざした。

　私は教師としてこう考えている。どんな児童も，ほめてもらうこと，信頼されることを望んでいる。人は人のなかでこそもまれ，学び成長していく。時にぶつかり合うこともまた，相手の痛みを知る機会にもなる，と。そして，「学級の仲間を大事に思うこと＝友達を見つめ，話に耳を傾けること」ということを念頭におき，児童同士にかかわりをもたせることが大事だと思う。この学級を担任したことで，「かかわり合うことと認め合うこと，そして，信じてやることで児童は伸び，まとまっていく」と実感した。

　担任した児童が，安心して学校生活が送れるように基盤をつくることが，学級担任の大きな仕事のひとつだと思う。私は，担任した児童を，心から愛してやまない。だからこそ児童を守りきる強さをもった「きまりの徹底」と「逸脱行動に対する責任追求（やり直し）」，そして具体的な支援と行動を通じた支え合いが必要だと感じている。

参考文献：
河村茂雄監修，品田笑子著『(児童用教材) みんなのやくそくノート』，図書文化

ダイジェスト
みんなにフォロワーシ

学級集団はこう変化した！

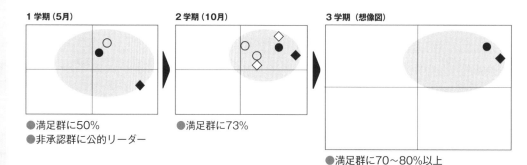

1学期（5月）
●満足群に50％
●非承認群に公的リーダー

2学期（10月）
●満足群に73％

3学期（想像図）
●満足群に70～80％以上

　丹念な実態把握に基づき，学級の一人一人にリーダーシップとフォロワーシップの両面を育てることを意図的に行った6学年の実践である。学校現場において，「一握りのリーダーが奮闘しても学級が動かない状況」「実力があってもリーダーになりたがらない児童」が増えてきたと言われる。本実践では，表に立つリーダーばかりでなく周りでリーダーを支える児童も育っていく過程を，学級担任の児童理解に基づく課題分析を通じて学ぶ。

● 学級担任のおもな特徴
■ 50代前半の女性。

どのように学級経営を進めたいか？

●かつては，学級担任が力を発揮して学級を引っ張り，学級担任の指示通りに児童たちが動くのがよい学級であり，そうできるのが，指導力のあるよい学級担任だと思っていた。しかし30代後半のころ，その考え方に疑問が浮かび，教育相談を学んだ。以来，「児童たちにとって，学校に来れば何かいいことがあると思える学級をつくること」，日常の授業や行事などを通して「自分のよさや仲間との支え合いに気づくことができる学級をつくること」を目標にしている。

どのようにリーダーを育てたいか？

●かつて，学級内のリーダー育成とは，学級内でもち前のリーダー性を発揮している児童にリーダーとしての経験を積ませていくことだと考えていた。しかし，「一握りのリーダーが奮闘しても学級全体が動かない状況」「実力があってもリーダーになりたがらない児童」が増えてきたことから，表に立つリーダーだけでなく，周りでリーダーを支える児童たちも一緒に育てていくことの必要性を感じるようになった。

●学級全体を巻き込んで，学級内の児童一人一人に，リーダーシップとフォロワーシップの両面を育てることが必要だと考えている。

ップを育てた学級

学級担任はリーダーシップをこう切りかえた！

1学期

| 混沌・緊張 | ▶ | **小集団** | ▶ | **中集団** | ▶ | 全体集団 | 自治的集団 |

リーダーが固定化し、階層の見られる学級

おもな活動：●縦割り班活動　　　　　　　　　　　▶P112〜115

こう動いた ▶▶▶ 前年度より多くの児童にリーダーの役割を経験させる

単学級で固定的な人間関係ができているなかで、リーダー経験者ではない児童のリーダー体験が成功できるように、新たに立候補した児童にリーダー役割を任せてみること、それぞれの児童に応じた活躍の場をつくること、を積極的に行った。また、閉鎖的だった小グループ同士の交流を促すことをねらって、児童同士のかかわりを広げたり深めたりした。そして、児童が役割のローテーションに慣れ、グループメンバーやサイズが変わっても協力して活動できるように支援した。

こうなった ▶▶▶ 新たなリーダーを中心に多くの児童が意欲的に活動し始めた

2学期

| 混沌・緊張 | ▶ | 小集団 | ▶ | **中集団** | ▶ | **全体集団** | 自治的集団 |

自己主張の強い児童とそのほかの児童に温度差が感じられる

おもな活動：●運動会　●修学旅行　　　　　　　　▶P116〜119

こう動いた ▶▶▶「フォロワーは全体に貢献できる存在である」ことに気づかせる

「小グループの閉鎖性」が解体され、学級内のだれとでもかかわれる状態にあるにもかかわらず、中集団がうまく機能していないのは、特定の児童のみがリーダーシップを発揮しているからと考え、「学級のために働こうとする児童」を増やすことに取り組んだ。「リーダー的立場でなくても、班や学級に貢献できる」ことを確認するために、「フォロワーシップを発揮する意義」を提示した。

こうなった ▶▶▶ 自分の役割を考え、全体のために働こうとする児童が増えてきた

3学期

| 混沌・緊張 | ▶ | 小集団 | ▶ | 中集団 | ▶ | **全体集団** | **自治的集団** |

リーダーの役割を避ける児童が、男子を中心に学級の2割いる

おもな活動：●学級活動　　　　　　　　　　　　　▶P120〜122

こう動いた ▶▶▶ 学級担任は児童の成長を信頼し、児童の行動を見守る

「自分たちで取り組めることのすばらしさ」を説明するとともに、「それはよいリーダーがいるばかりでなく、支えてくれるフォロワーがいるから可能だ」と説明し、リーダー経験者が自信や経験の少ないリーダーを支えることを全体で確認した。学級担任は、児童が「やろうとしていること」「できるようになったこと」「できていること」に目を配り言葉をかけ、学級だよりなどで紹介した。

こうなった ▶▶▶ 自分たちで考え、つながり合って、主体的に行動できるようになった

事例6 みんなにフォロワーシップを育てた学級

1学期

混沌・緊張 ▶ **小集団** ▶ **中集団** ▶ 全体集団 ▶ 自治的集団

リーダーが固定化し，階層の見られる学級

■ **Keyword**：リーダー枠の増設／学校全体を意識させる／閉鎖的グループの解消

どんな学校か
- 郊外の新興住宅地にある，各学年単学級の小規模校である。
- 野球やサッカー水泳などのスポーツに取り組む児童が多い。また，高学年には，英語や学習塾などに通う児童が多い。

どんな学級か
- 事例学級6年1組の児童数は35人（男子20名，女子15名）である。
- ずっと単学級の学年であり，学級の児童たちにはこれまでに学級編成替えの経験がない。そのため，学級内の人間関係に固定的な面も見られる。
- 5年生で担任を引き継いだときは，学級が荒れていて，理由を考えたり考え方を説明したりする授業は成立しないほどだった。アピールする力のある児童が学級を牛耳っており，男子は怒鳴り合いや暴力，女子は無視や仲間外しなどのトラブルが頻発していて，集団に入れない児童が複数いた。5年生の1年間で，話し合って合意することやトラブルの解決策をみんなで考えることなどを生活や授業場面で積み重ねた。
- クラスメートに対しての関心が薄い。だれかに思いやりややさしさを示したり，困っている人に手を差しのべたりすることがとても少ない。

どんな人間関係が見られるか
- 良太（A）は，家庭で厳しく育てられている。そして本人もよく努力をして力をつけてきた。そのためか，友達のミスやだらしなさを許せず，相手の言い分を聞かずに一方的に強い口調で責めることがよくある。
- 愛菜（B）は，運動が得意で発言力があり，女子への影響力が大きい。愛菜たちのグループは，ほかの児童の服装や髪型について，公然と「ダサい」などのマイナス発言をして，周囲からは恐れられている。
- 蒼太（C）は，人前に立つことや目立つことは何でもやりたがる。人に指図することが多い。ただし，自分が率先して働いたり，みんなのために動いたりすることを嫌うため，友達からの信頼は薄い。
- 紗奈（D）は，明るくだれに対しても公平に接し，困っている人には手を差しのべ，助言もするので，多くのクラスメートから信頼されている。愛菜や良太など，ほかのグループのリーダーと交渉したり，孤立しがちなクラスメートに進んで声をかけたりすることができる。
- 洋平（E）と玲央（F）は，判断力や行動力などに優れ，規範意識が高く，周りの児童から信頼されているが，リーダーシップを発揮しようとしない。

こう動いた！ ▶▶▶ 　　　　　　　　　　　　　　　教示的リーダーシップ　説得的リーダーシップ
前年度より多くの児童にリーダーの役割を経験させる

　前年度は「リーダー同士のかかわりを強め，グループ間の交流を促す」というねらいをもって，なりたいと願う児童をリーダーにして，活動の基本的なパターンを継続的に指導していた。そこで6年生の1学期は，学級内にリーダーの役割を経験する児童が増えるように，新たに立候補する児童を積極的に受け入れて，それぞれに活躍の場をつくる。新しいリーダー同士のかかわりを深めていくことで，閉鎖的な小グループ同士の交流をさらに促す。

　また，最高学年であるということから，学校のリーダーとしての意識をもたせ，学校全体の願いの実現に視点が向くように指導する。新学期からスタートする縦割り班活動や「1年生を迎える会」などの場面において，リーダーシップを発揮させる。

ルール確立はこうした！
❶自分たちの「理想とする姿」について話し合わせる。「どんな6年生になりたいか」「卒業までに何をやり遂げたいか」と問いかけ，児童たちの言葉で語らせる。児童の考えから学級目標を設定して，教室に掲示する。

❷常に学級目標に戻って考えさせる。イベントに取り組むときは「何のためのイベントなのか」，学級のトラブルの解決に取り組むときは「何がいけなかったのか」を，学級目標と照らして考えさせる。

❸児童の考えをもとにルールをつくる。「縦割り班の活動に，どんな意識・態度で臨むか」について考えさせ，「1年生にはこう接する」「下級生を注意するときはこういう言い方をする」というように，具体的な姿・行動を児童に決めさせる。

❹学級担任以外の教員からほめられたことは児童たちに伝え，おたよりにして学級で共有し，保護者にも伝える。また，児童の日記に学級のルールに関する内容があったときは，読んで紹介したり，おたよりの記事にしたりして共有する。

リレーション形成はこうした！
❶「みんなで話し合うことは，楽しいし有意義である」という感覚を味わわせる。ブレーンストーミング，カードによる考え方の整理，対話につながる話の受け方・聞き返し方など，さまざまな方法を具体的に教えながら話し合いをさせる。

❷グループ活動の際は，「みんなで取り組む意識」をもたせてから，全員に役割を与えてローテーションさせる。はじめに仕事の内容をしっかり確認して，振り返りでは，互いのがんばりを承認したり得意分野を認め合ったりさせる。

❸学級担任と児童の1対1関係をつくる。児童のがんばりを見つけたときに，日記を通して，あるいは休み時間や放課後などの時間に直接話して伝える。児童との雑談の時間を意識してつくる。

リーダー，フォロワー育成はこうした！
❶立候補制のもとで新しいリーダーが選出されるようにする。リーダーの枠を増やすために内容ごとにグループを変える。リーダーにさせたい児童には，事前に声をか

けて励ましておく。
❷周囲からの信頼が厚い児童に対しては,「正論を言えるリーダー」になれるよう,できたことを伝えて励ましながら指導する。
❸目立ちたがり屋の児童に対しては,リーダーとして活動しようとする意欲を認め,学級集団の成長につながる取組みができるよう指導していく。
❹何かをやり終えた後の達成感は大きな自信につながる。そこで,学級担任がバックアップしながら,経験の少ない児童にリーダーの役割をやり切らせる。1年生を迎える会で,人前で話すことを不安がっていた児童に,最高学年としてのプライドに働きかけて,下級生の前で話したり説明したりする役割をもたせる。事前にシナリオをつくり,何度も声に出して練習させる。
❺「自分もできる」という思いを引き出すために,リーダーに選ばれなくても,確実に仕事をこなす児童,責任をもって活動している児童に言葉をかける。
❻それぞれがリーダーに協力的に活動できていることを,個別に,日記のコメントや雑談などを通して伝える。

学級はこうなった！ ▶▶▶ 混沌・緊張 ▶ **小集団** ▶ **中集団** ▶ 全体集団 自治的集団

新たなリーダーを中心に多くの児童が意欲的に活動し始めた

　もち上がりの学級であり,4月の段階で学級全体は活気があった。建設的に動ける児童が学級の半分近くを占めていた。学級目標は,「友達と協力する」「自分で考える」「友達や自分のよさを大事にする」の3つに決めて,教室に掲示した。
　4月下旬,児童たちが「下級生のお手本になろう」と話し合いをもった。学校生活のベースとなるルールを自分たちが率先して守り,下級生に示そうとしていた。
　グループのメンバーやサイズは教科や場面によって異なっていたが,児童たちは,メンバーにこだわらずよく活動できた。小グループだと,協力も助け合いもできるようになっていると感じた。また,授業のなかのグループ活動で,役割分担をローテーションすることに慣れてきたように感じられた。

おもなリーダー,フォロワー
・リーダーとなった児童は,意欲的に活動し,よりよい内容になるように話し合ったり提案したりしていた。特に,紗奈がリーダー同士をつなぐ役割をよく果たした。
・リーダーとして動く児童の周りに,協力者が集まるようになってきた。
・6月の「縦割り班遊び」は,紗奈・良太・蒼太たち計画委員会が提案した。学級の8割の児童が縦割り班の班長である。各班長が遊ぶ場所と内容を委員会に申請すると,「遊具」に希望が集中した。計画委員会が「集中するのは危険だから,話し合って調整しよう」と提案したが,ほとんど発言がなかった。計画委員が「提案者に任せてほしい」と言うと,「待って」「班で相談して決めたことだから」「1年生がしたいと言ったことだから」という意見がようやく出てきた。班長の役割にあって自分なりの考えをもっている児童が,進んで発言しない様子が気になった。

1学期の学級集団の状態（5月）

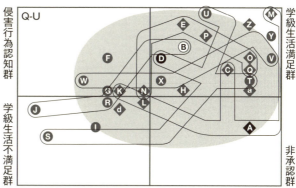

■学級の公的リーダーの児童生徒
【男子】Ⓐ（良太）：野球グループのリーダー格。努力して力をつけている。手を抜いて負けたり，努力せずに負けたりすることを嫌う。自分の考えがはっきりしているだけに，自己主張が強い。自己中心的な発言が多い。
【女子】Ⓓ（紗奈）：明るくだれにでも分け隔てなく話ができる。周りの人に関心を示して手を貸す。

■学級で影響力の大きい，陰で仕切るような児童生徒
【男子】該当なし。
【女子】Ⓑ（愛菜）：陸上グループのリーダー格。友達を支配する傾向があり，発言は影響力が大きい。

■態度や行動が気になる児童生徒
【男子】Ⓗ：ADHDの傾向があり，5年生のときには，何度も教室を飛び出している。
Ⓔ（洋平）能力が高く真面目で，穏やかな性格である。正論を述べる力があるが，人前に立つことを嫌う。
【女子】Ⓘ（詩織）：Ⓑ（愛菜）を避け，1人で過ごすことがあった。家庭的にも問題を抱えながら登校している。
Ⓖ（結月）：障害があって，いじめられた経験があり，友達とかかわることを避ける傾向がある。特別支援学校への進学を検討中。
Ⓙ（奈々）：負けず嫌いであるが，学習面ではかなり苦戦している。女子のトラブルに，よくかかわっている。

■プロットの位置が教師の日常観察からは疑問に感じられる児童生徒
【男子】Ⓐ（良太）：運動も学習もできて，自分の思いを通しているようだったが，非承認群。
Ⓚ（剛）：無口，Ⓐ（良太）の取り巻きの1人で，能力も高いために，彼に一目置かれている。
【女子】該当なし。

■学級内の小グループを形成する児童生徒
【男子】Ⓐ（良太），Ⓚ，Ⓛ，Ⓜ，Ⓒ：野球チームに所属している。5人とも，運動能力に優れている。自己主張が強い集団。
Ⓔ（洋平），Ⓝ，Ⓞ，Ⓟ，Ⓠ：真面目でおとなしい。進んで発言したり，リーダーに立候補したりしない。競争や対立を避ける傾向が強い。
【女子】Ⓑ（愛菜），Ⓡ，Ⓙ（奈々）：リレー選手グループ。意地悪する側になることが多い。
Ⓓ（紗奈），Ⓢ，Ⓣ，Ⓤ，方面が同じで一緒に下校する。紗奈がリーダー格。
Ⓥ，Ⓦ，Ⓧ：下校の方向が同じで家が近い。2～3人で固まっていることが多い。

■4群にプロットされた児童生徒に共通する特徴
【満足群】学級のリーダー格が多い。学習に意欲的な児童が多い。友達が多く，よく話をする。
【非承認群】学力が高い。リーダーに立候補することがある。
【侵害行為認知群】能力は高いが実力を認められていない。感情表現が苦手で，口数が少ない。
【不満足群】学習面で苦戦している。自分の気持ちをうまく表現できない。孤立傾向がある。

■学級の様子と問題と感じていること
・小グループが閉じた状態になっていて，静かないがみ合いや対立が起き，なかなかかかわり合いが進まないと感じる。
・集団に入れず周辺に孤立している児童が，学級の6分の1もいる。

事例6 みんなにフォロワーシップを育てた学級

2学期

混沌・緊張 ▶ 小集団 ▶ **中集団** ▶ **全体集団** ▶ 自治的集団

自己主張の強い児童とそのほかの児童に温度差が感じられる

■Keyword：低調なリレーション／フォロワー体験／中集団活動の充実

1 学期を振り返って

自己主張の強い児童とその子たちが核になっている小集団同士は，相互の交流ができる。また，自分たちが考えたことを自力で実行することもできる。いっぽうで，指示される側に回っている児童やリーダーシップを発揮しようとしない児童たちとの温度差は広がっているように感じる。グループの対立は見られないし，必要な場面では集団の枠を超えて中集団として活動できる状況になっているにもかかわらず，中集団がうまく機能しているとはいえない状態にある。

児童たちが目に見える対立をしないのは，「かかわりが薄い相手とは対立をするような場面に遭遇しない」ということではないかと思う。その背景には，学級内の人間関係に階層化が残っていることや，学級や学校の課題を自分のこととして自覚できていない児童が多いことが考えられる。さらに，リーダーシップを発揮しようとする児童が増えていないことが，「自分がしなくても，だれかに任せておけば……」的な空気が学級内に蔓延している理由であると考えられる。また，学級内で声高に主張する児童が中心的にリーダーシップを発揮している状態で，周辺の児童は，「意にそわない言動は批判・否定の対象になりかねない」と恐れているのかもしれない。

考えられる対策

①リーダーとフォロワーの温度差を解消する

リーダーとフォロワーの温度差を解消するために，フォロワーシップの大切さを体験させる。「意欲をもってリーダーを務めている児童」の役割を周辺の児童に移すことは効果的でないと考える。これまでのリーダーにはフォロワーの役割をもたせ，ほかの児童にリーダーシップや学級集団への所属意識を高める手だてが必要である。

フォロワーシップの指導として，「グループ活動はリーダーだけでは成り立たない」「フォロワーの協力や支えがあってリーダーシップが生かされる」という意識を，活動を通して育てる。学級内の一人一人が1つ1つの役割をしっかりこなしていくことが，グループにそして学級全体に寄与することになることに気づかせたいと思う。

②新たなリーダーを活躍させる

新たなリーダーを活躍させるために，知的な面を発揮できるグループ活動を行う。ふだんはもの静かであるが，知識・理解の面で優れた力をもっている玲央（F）と洋平（E）たちがリーダーシップを発揮する場面をつくりたいと考えた。多くの児童に，彼らがリーダーとしても力があることに気づかせるために，活動の内容ごとにグループ編成を変えていく。彼らがこれまでとは違うリーダーシップを発揮することで，「場面によって『リーダーとなる人』『リーダーシップのとり方』は変わること」「それぞれが得意分野を生かすことが，集団にとってよい結果となること」に気づかせたいと思う。

こう動いた！▶▶▶   説得的リーダーシップ　参加的リーダーシップ
「フォロワーは全体に貢献できる存在である」ことに気づかせる

　どんな小集団も活動でき「小グループの閉鎖性」は解消していると考えられるが，中集団で活動すると，自ら建設的に動くことができる児童にリーダーの役割が偏る。
　そこで，「学級・全体のために働こうとする児童」をさらに増やし，中集団での活動が確実にできるようにすることをめざす。1学期とは違う児童にリーダーの役割を体験させるためにも，全体にかかわる活動を通してフォロワーシップについて指導する。また，フォロワーシップを発揮させるなかで，「リーダー的立場でなくても，班や学級全体に貢献できる」ことを確認する。

ルール確立はこうした！
❶基本的に，児童が課題を改善するために話し合って決めた内容を尊重する。
❷「ルールを守ることの意義」を考えさせるために，解決策を話し合う。その際，学級担任は，ルールを守れない児童に対しての罰則的な対応が起きないように見守る。
❸「ルールにどう向き合ったか」を相互評価させる。振り返りを大切にする。

リレーション形成はこうした！
❶集団への貢献感を高めていくことをねらって，取組み方にも目を向けさせ，相互評価によって振り返る。
❷「確実に仕事や役割に取り組んでいる児童」に他者からのプラス評価が届くように，運動会や修学旅行の振り返りは，係や実行委員会ごとのグループで行う。
❸「だれかのための誠実な行動」について，週1回発行の学級だよりで取り上げる。
❹学級の仲間意識を広め深めるために，新しいイベントや授業内容に取り組ませる。

リーダー，フォロワー育成はこうした！
❶修学旅行の実行委員長になった愛菜（B）に，もち前の強いリーダー性を生かして，リーダーグループの結束を固めさせる。愛菜に，全体を視野に入れたリーダーの役割とその方法を指導する。
❷新規のリーダーを育てるために，運動会実行委員会のリーダーには，修学旅行のリーダーと重ならないメンバーを位置づける。
❸リーダー経験者にフォロワーシップを育てる。リーダーをサポートする意義を伝えて，フォロワーとしての役割を教える。児童会役員が後期に入れかわるときに，先の委員長に次の委員長へのサポートの仕方を指導するなど。
❹リーダー経験の少ない児童にリーダーを任せる際は，企画段階から相談しながらアイデアを生かしていく。
❺もち前のリーダー性を発揮しようとしない児童に，リーダーの役割を与える。社会科で，班ごとに割り当てられた1人の人物をヒーローと主張し合う「明治の真のリーダーはだれだ」という討論会をする。同時進行中の複数のプロジェクトと班長が重複しないように選出についてアドバイスする。
❻授業でのグループ学習は，全員が役割をもち，毎回ローテーションしながら取り組

事例6 みんなにフォロワーシップを育てた学級

ませる。「グループのリーダーが困っているときは，フォロワーが支えること」「グループ活動がうまくいくか否かは，グループのメンバー一人一人の責任であること」をフォロワーシップの意味とともに伝える。

学級はこうなった！ ▶▶▶ 混沌・緊張 ▶ 小集団 ▶ **中集団** ▶ **全体集団** ▶ 自治的集団

自分の役割を考え，全体のために働こうとする児童が増えてきた

　たくさんの学校行事が複数同時進行するなかで，リーダーの役割がこれまで以上に分散した。「リーダーが重なると負担が大きくなる」という懸念から児童に役割分担の意識が芽生えたように思われる。また，児童のなかに，「それぞれ得意分野のプロジェクトでリーダーとして働くことが，全体に寄与することにつながる」という意識も出てきたように思われる。

　リーダーが分散したことで，「フォロワーの動き」にも変化が見られ，プロジェクトの進め方を児童同士で相談したり，サポートしたりする動きも自然に出てきた。

　児童は，忙しいなかでも，ランチミーティングや，昼休みミーティングと称し，教室や廊下の隅に机を寄せ合って自主的に話し合いを進めた。

　また，応援団では，リーダーに対するサポート体制を自分たちでつくり，「団長が声をからすことがないように，声出しを団員が分担して練習を進める」など，団員がフォロワーとしての役割を自覚して，団長をよく支えるようになった。

　学級内には，うまくいかなくても仲間の前で安心していられる雰囲気が出始めた。

　12月に入ると，だれに言われることもなく，登校すると，まず玄関前の落ち葉掃きをする児童が現れた。「学校の役に立つことであるから」という考えが広く共感を集め，その動きが広がって，やがて学級全体で取り組むようになった。

おもなリーダー，フォロワー

- 社会科で「討論会：明治の真のヒーローはだれだ」に取り組んだとき，これまで自分からリーダーの役割を担うことがなかった玲央，洋平たちが班長になった。活動のなかで，児童から「玲央ちゃんが言うと，どんなことも本当に思えるんだよね。説得力あるよね」と玲央を認める発言があった。
- 玲央は後期の図書委員長を務めていた。構想や疑問をびっしり書き込んだノートを持って，ほかの委員や担当教員に相談する玲央の姿をよく見た。玲央は，見通しをもって委員会を進め，大きな行事の「読書祭り」も大成功に導き，図書委員長として，大きな信頼を得た。紗奈（D）や愛菜との交流も盛んになり，交友関係が広がった。
- 授業のグループ学習では，漢字をほとんど書けない児童も記録係を引き受けるし，うまく話を聞き取れない児童も司会をする。そこでは，友達の精いっぱいの姿を認め，できないところは補強する「フォロワーの支え」が当然のように見られた。
- ダンスイベントを体育で仕組んだとき，全体リーダーの奈々（J）が日記にこう書いた。「練習をしているとき，ほっとしたことがありました。それは，みんなが真剣に考えていたことでした。洋平君は休んでいる人のことも考えて案を出していま

した。愛菜ちゃんと澪(T)ちゃんはペアで踊るところを考えてくれました。蒼太(C)君は面白い動きをやったりしてみんなを勇気づける役目をしました。集団でするのはむずかしいことだけど，それができたのが夢のようです。ゆかいな仲間たちよ，ありがとう」。これを学級だよりに載せて，全員に奈々の思いを伝えた。

2学期の学級集団の状態（10月）

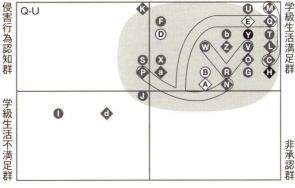

■学級の公的リーダーの児童生徒
【男子】 Ⓗ（康介）：計画委員に所属し，リーダーの体験を重ね，主体的にリーダーシップが発揮できるようになってきた。
【女子】 Ⓨ：目立ちたがりで何にでも立候補したがるが，行動が伴わない。
■学級で影響力の大きい，陰で仕切るような児童生徒
【男子】 Ⓐ（良太）：努力して力をつけている。自己主張が強いが，全体のためにも率先して働く行動派。
Ⓔ（洋平）：穏やかな性格である。正論を述べる力がある。Ⓐ（良太）グループとは敵対関係にある。
【女子】 Ⓓ（紗奈）：だれとでも分け隔てなく話ができる。周りに気配りができ，実行力があり，信頼が厚い。
Ⓑ（愛菜）：友達を支配する傾向があったが，Ⓓ（紗奈）とのつながりが強くなって，全体のことを考えての言動が多くなった。依然として陰の影響力は大きい。
■態度や行動が気になる児童生徒
【男子】 ⓓ（慶太）：周りの児童たちが6年生としての自覚をもった行動ができるようになってきたなかで，提出物・時間などに関するルールを守れない。
【女子】 Ⓘ：クラスメートと楽しそうに交流する姿が見られるようになっているが，家庭内の不安を訴えることが増えた。
Ⓖ（結月）：特別支援学校への進学を検討中。自分から休み時間に雑談に加わったりするようになり，孤立感は薄くなった。
Ⓨ：人前で目立つことをしたがるが，自分が考えたり働いたりすることは苦手。周りを振り回す。

■プロットの位置が教師の日常観察からは疑問に感じられる児童生徒
【男子】該当なし。
【女子】 Ⓘ：教室での人間関係はかなり改善されたととらえているが，1学期よりプロット位置が悪い。
■学級内の小グループを形成する児童生徒
【男子】 Ⓔ（洋平），Ⓝ，Ⓟ，Ⓠ：正統派で穏やかなⒺ（洋平）を中心としたグループ。開放的で，孤立しがちな児童たちをも巻き込んでいるので，グループサイズはよく変わる。
Ⓒ（蒼太），Ⓜ：正統派リーダーⒶ（良太）のグループから出た。流れに逆らわず，最低限の協力はする。
【女子】 Ⓡ，Ⓥ，Ⓦ：おとなしいタイプで近所同士。離れて活動することもできる。
■4群にプロットされた児童生徒に共通する特徴
【満足群】学級の一員として意見を述べたり，高学年としてリーダーシップを発揮できたりする場面があるなど，それぞれの個性を発揮している。
【非承認群】自分の感情をあまり出さない。どのグループにも属さずにいる。
【侵害行為認知群】学習面で課題を抱えている児童と，グループの中心となることが少ない。
【不満足群】学級のなかで大きな役割を果たすことが少なかった。ルール違反などを指摘されることが多い。
■学級の様子と問題と感じていること
・強いリーダーシップを発揮できる児童が，新規のリーダー的存在の児童をサポートして，中集団として活動ができるようになったが，だれかに背中を押されないと前に出られない児童がまだいる。
・リーダー間に階層的な雰囲気がある。

事例6　みんなにフォロワーシップを育てた学級

3学期

混沌・緊張 ▶ 小集団 ▶ 中集団 ▶ **全体集団** **自治的集団**

リーダーの役割を避ける児童が，男子を中心に学級の2割いる

■ **Keyword**：児童の主体性／見守り待つ姿勢／プロセスの承認／本音の交流

2学期を振り返って

　男女の壁もなくだれとでもこだわらずに活動できる児童がほとんどになったが，まだ，全体の前に立つことを尻込みして，できれば避けたいと思っている児童が2割くらい存在している。特に男子に多い。経験させて自信につなげることが大事だと思う。

　結月（G）が，みんなと同じ地元の中学校に進学したいと言った。特別支援学校への進学は，彼女の進路として有力な選択肢の1つだった。地元の中学校に進学すれば，現在とほぼ同じメンバーと中学校生活を送ることになる。学級集団が親和的に成長していくなかで，「このメンバーとなら自分はやっていけそうだ」「苦しい部分も助けてもらうことができるかもしれない」という思いが，結月のなかに芽生えてきているのではないかと思われた。そこで，本人と家族，特別支援学校の先生と相談した。結果，地元の公立中学校への進学が，いまの結月にとって一番よい選択肢であるという結論になった。

　結月が地元の中学校に進学するにあたり，結月の障害を周りの児童たちにどう受け入れてもらうかという課題があった。そこで，本人と家族，特別支援学校の先生と相談した結果，結月本人の申し出もあり「結月自身が自分の障害を仲間に語る」ということになった。

考えられる対策

①「フォロワーとしての力」を高め，新しいリーダーをサポートさせる

　リーダー経験者はフォロワーとして，自信のないリーダーや経験の少ないリーダーを支えることを学級全体で確認する。「自分たちで判断して物事に取り組めることがすばらしい。それはリーダーがすばらしいからというばかりでなく，支えてくれるフォロワーの力があるからできるのだ」ということを，具体例をあげながら説明する。

　いっぽうで，卒業までに，「だれがリーダーになってもみんなで力を合わせて自分たちで物事をやり遂げる力」をつけるよう励ます。

②結月の障害をどう受けとめサポートしていくかについて，学級全体で考える

　中学校進学に向けて，結月自身が自分の障害のことをクラスメートに語ることになった。いまの学級の状態であれば，結月の障害と正対し，建設的に対応できるのではないかと思われる。どのようなかたちで行うのがよいか，結月本人と話すだけでなく，保護者と，特別支援学校の先生，進学先の中学校と連携をとりながら，方法を考え計画を練る。

こう動いた！▶▶▶　　　　　　　　　　　　　　　参加的リーダーシップ　委任的リーダーシップ
学級担任は児童の成長を信頼し，児童の行動を見守る

　学級担任が児童たちのこれまでの成長を信じたうえで，先走って児童の主体性を奪ってしまうことにならないように見守り待つことが，いまの状態の学級集団にとっては必要なことだと考える。

　「児童たちに任せる」という学級担任のリーダーシップスタイルをとることを心がけて，これまで以上に「児童たちが取り組む過程」に目を配り，意欲や取組み方に対しての励ましや承認の言葉がけを増やす。

ルール確立はこうした！
❶「できたこと」「守れていること」を確認し，その意味や意義を考えさせる。
❷「自分たちの行動のもととなる集団の目標を意識させること」を，児童の相互評価を通して行う。

リレーション形成はこうした！
❶集団の一員であることを喜べる振り返りをさせるために，「集団としてひとつのことに取り組んでうまくいっている」という達成感や有能感を共有させる。
❷相互理解を深め集団の斉一性を高めるために，中学進学を前に，希望を語り合ったり，これまでのかかわりを振り返ってそれぞれの成長を確かめ合ったりする。
❸結月がみんなの前で話をすることになったため，学級担任は，結月を後押しするために，結月がみんなの前で話をする日まで，国語や道徳，学級活動の時間などを通じて意識的に「言葉の力」や「仲間の支え」を実感させるタイミングをとらえて「ホットシート」を実施したりする。

リーダー，フォロワー育成はこうした！
❶めざす姿を伝える。「自分から進んで気がついたことを行動に移せることができるようになって卒業しよう」という励ましのメッセージとして伝える。
❷「やろうとしていること」「できるようになったこと」「できていること」に目を配り，チャンスをとらえて個々に言葉をかけ，帰りの会や学級だよりで全体に伝える。
❸学級担任は，前に出て仕切るような指導にならないようにする。児童たちの自主的な行動を促すように，学級のメンバーのひとりとして，発言したり感想を述べたりする。

学級はこうなった！▶▶▶　　混沌・緊張 ▶ 小集団 ▶ 中集団 ▶ 全体集団　自治的集団
自分たちで考え，つながり合って，主体的に行動できるようになった

　実行委員会は児童たちの考えにより，①卒業アルバム文集，②卒業式（練習計画・選曲），③思い出づくり（卒業制作・学級のイベント企画），④マーチング引き継ぎ，⑤在校生に伝える（送る会でのメッセージ），⑥積極的行動（6年生らしいことに取り組み有終の美を飾る企画）の6つになった。それぞれの得意分野を生かしてチーム

事例6 みんなにフォロワーシップを育てた学級

がつくられ，すぐに活動を始めることができた。グループがうまく機能できるようになっていることの証しだと考えた。

結月は，自分の障害を自分の口でみんなに伝え，助けが必要なときは助けてもらおうと決心した。そして，言葉の力で自分自身を勇気づけられるよう，前向きな言葉を使いたいと気づき行動に移そうとした。

みんなに話す当日，結月はまっすぐ顔をあげ，流れる涙をぬぐうこともせずに，自分の障害について語った。「何に困っているか」「みんなにはどうしてほしいか」を，きちんと伝えることができた。周りの児童たち，特に紗奈（D），洋平（E），玲央（F）たちが率先して動き，すぐに結月に対して自分たちができることを話し合い，実行に移した。「学級が１つになっている」と感じられた。

おもなリーダー，フォロワー

・琉偉（b）が病気を治療するために他県に転出することになり，「琉偉が最後に登校する日，激励会のために１時間使わせてほしい」と洋平と紗奈から申し出があった。琉偉の最後の登校日は，人前に立つことを避けてきた洋平や玲央が先頭に立って動いた。琉偉は「みんなに会えて本当によかった。がんばって治療をし，みんなと一緒に中学校の入学式を迎えたいです」と涙を流しながら感謝の気持ちを語った。

・リーダーの役割を経験した児童たちが中心となって，人前に立つことを尻込みしていた児童たちを牽引して，上手に役割を分担し，表舞台に立つ経験をさせるようになった。

・家庭科で「地域の環境をよくするためにできることを考える」学習をしたときには，「考えを実行に移そう」と提案する児童が現れて，地域へのボランティア活動をした。活動後，児童の日記から，担当を決めて分担して取り組んだ様子や，地域の人に声をかけられてうれしかった気持ち，だれかのために役立てたことの喜びが伝わってきた。そこでは活動を提案した児童が中心となり，周りが支えた。このとき学級内にフォロワーが育っていることを実感した。

・これまで人前で声を出すことが苦手でフォロワーに徹してきた児童たちに，活躍してもらおうという動きが出て，「大丈夫，ぼくたちがサポートするから」「大丈夫，私も一緒にするから」という背中を押す言葉が多く聞かれた。6年生を送る会や，親と一緒に卒業を祝う会のときに，これまで表に立つことがほとんどなかった児童が，マイクを持って活躍した。また，ルールを守れないことが多い慶太（d）も，軽妙なトークやすばらしい歌声がみんなに認められるところとなり，会を盛り上げた。このときにはフォロワーシップが育ち，「リーダーは大変だ」という負担感よりも，「みんなでひとつのことをやり遂げよう」という一体感が学級を包んでいた。

おわりに

1年間を振り返って

　私が担任したこの学級は，これまで担任してきた学級のなかでも，特に成長の著しい学級だった。3学期，私は児童たちの思いにふれ何度も胸を熱くした。この学級を担任できて本当によかったと思い，卒業する35人を見送った。

　以前，この学級をある人がこう言っていた。「不思議な感情を湧き起こす学級。同じことを繰り返し指導しても定着しない。通常の学級の3倍やっても身につかない。膝が折れる感覚に襲われる」。厳しい言葉である。私も担任したばかりのころ似たような感覚に襲われた。

　もしも，リーダーを育てるという1つの視点だけでこの学級を育てようとしたら，同じような学級になっていただろうかと思う。単学級で学級内の人間関係が固定的ななかで，個性的で能力差も大きいこの学級が，結果的に親和的な学級集団に成長できた，指導のポイントを振り返ってみたいと思う。

　まず，1学期は，前に立ちたいと願うリーダーを中心に自ら建設的に動こうとする児童を増やし，小集団を融合させたことがポイントだったと思う。そのときは，児童の個性を生かしつつ活動の場をつくっていくということを意識していた。

　2学期は，私的リーダーを，自他ともに公的リーダーとして認めさせ，中集団での活動をスムーズに展開できるようにしたことがポイントだったと思う。そのときも，児童の個性が生かされる場所をつくる取組みを仕掛けることを意識していた。

　3学期は，児童の成長を信じ，見守ることに徹したことがポイントだったと思う。1～2学期を通じて育ってきた複数の「リーダー」が，学級内で2番手3番手だった児童の活躍をも促した。学級内のだれかのために動こうとしたとき，学級集団の親和的なまとまりが一層強化された。

　結果として，この学級の成長にはいつも，リーダーを支えるフォロワーの働きが大きな役割を果たしてきたと思う。フォロワーとして学級に貢献していると自覚し行動できる児童が増えていったこと，リーダーとしても，フォロワーとしても自分の特性を生かし，自分のできることを精いっぱいすることに意味があると自覚できる児童が増えていったことが大きかった。

　リーダーシップとともにフォロワーシップを育てるということは，一人一人に学級での自分の存在意義，貢献感を自覚させることにつながり，親和的で建設的な学級集団づくりと表裏一体であると感じた。

ダイジェスト
主従的な人間関係を乗

学級集団はこう変化した！

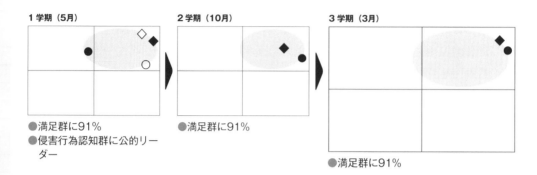

1学期（5月）
- 満足群に91%
- 侵害行為認知群に公的リーダー

2学期（10月）
- 満足群に91%

3学期（3月）
- 満足群に91%

　強固な主従関係が解消され，その時々でリーダーや活動グループを変えられる対等な関係性が実現した5学年の実践である。当初，傍目には「大きな問題はない学級」とされていたが，学級担任は「強く主張をする者と従う者という固定的な人間関係によりバランスが保たれている状態」ととらえ，主従関係の解消をめざし，「全員に考えをもたせる」「意思表明させる」「考えを比べ合ってみんなで決定する」というプロセスを幾度も経験させた。

● 学級担任のおもな特徴
■ 30代後半の女性。

どのように学級経営を進めたいか？
- 特別支援教育に従事した経験から養った力を生かし，個別の支援を充実させてきた。体育会系で，児童たちにはルールと規律を守ることを求めがちであり，指導性は強い。子育て中のため，母親に近い立場で児童に接している。
- 児童同士が互いの考えを伝え合い，協力して活動していく学級づくりをめざしている。そのために，話し合って物事を決め，主体的に実行させる経験を積ませたいと考えている。このような体験を通して，児童たちに自分たちがこの学級をつくるという当事者意識をもたせていく。学級担任は，指導性の発揮の仕方をコントロールし，進捗状況を，Q-Uや各種アンケートと見取りをもとに点検しながら進めていく必要があると思う。

どのようにリーダーを育てたいか？
- 教員経験が浅いころ，リーダー性のある児童にばかり，その役割を担わせて，リーダーの役割を期待していた。いまは一部の児童だけでなく，全員にリーダーとしての経験を積ませることで，互いの考えを出し合いながら，協力して取り組ませ，すべての児童にリーダーシップを育てていきたいと考えている。
- リーダーとしての経験が浅い時期には個別の指導を充実させ，自信をもって取り組めるように支援している。
- リーダーを経験することで，フォロワーシップが育つきっかけとなると考えている。

り越えた単学級

学級担任はリーダーシップをこう切りかえた！

1学期

混沌・緊張 ▶ **小集団** ▶ **中集団** ▶ 全体集団　自治的集団

一見まとまりがあるように見えるが，裏では不満が渦巻いている

おもな活動：●話し合い活動　　　　　　　　　　　▶P126〜129

こう動いた ▶▶▶ 話し合い活動で民主的な集団決定の体験を積ませる

学級に民主的な雰囲気をつくるために，話し合い活動を積極的に取り入れた。その際，議題に対する自分の意見をあらかじめ付箋や短冊などに書いたうえで表明することや，話し合いで出された考えを比較してみることを指導した。また，一部の児童の考えに流されることのないよう，理由に着目させて考えさせた。学級担任は話し合い活動が，建設的な話し合いになるように支えた。

こうなった ▶▶▶ 自分も考えをもち，伝えなくてはならないという意識に変化してきた

2学期

混沌・緊張 ▶ 小集団 ▶ **中集団** ▶ **全体集団**　自治的集団

だれもが自分の考えを述べることによって，友達に対する見方が変化した

おもな活動：●プロジェクト活動　　　　　　　　　▶P130〜133

こう動いた ▶▶▶ 全員にリーダーを経験させ，リーダー経験者にはフォロワーシップについて考えさせる

学級内でより建設的な話し合いができることをめざして，合意形成の仕方を指導した。「相手を受容してから意見を述べる」など，建設的になる言い方を具体的に示した。いっぽうで，自己主張的な1学期のリーダーに，「フォロワーとなった場合にどのように振る舞うとよいか」を考えさせ行動させた。また，リーダー経験の浅い児童に「自分にもできる」という自信をもたせようとていねいな指導を行った。

こうなった ▶▶▶ 自分もリーダーとして力を発揮しなくてはならないという意識が育った

3学期

混沌・緊張 ▶ 小集団 ▶ 中集団 ▶ **全体集団**　**自治的集団**

だれもがリーダーとして活躍することで，互いの立場を理解

おもな活動：●6年生を送る会　　　　　　　　　　▶P134〜137

こう動いた ▶▶▶ 責任感と協力する意識をもたせるように，自分たちで話し合って決めさせる

学級担任は見守る姿勢を基本とし，予定や時間を視覚的に提示し，見通しをもって自主的に取り組むことを促した。学級で取り組むさまざまな活動について，リーダーが中心となって自治的に行えるように指導した。2学期にリーダー経験をした児童たちには，「フォロワーとなった場合にどのように振る舞うとよいか」について2学期でのリーダー経験をもとに考えさせ行動させた。

こうなった ▶▶▶ 互いに声をかけ合い，協力する姿が見られるようになった

事例7 主従的な人間関係を乗り越えた単学級

1学期

混沌・緊張 ▶ **小集団** ▶ **中集団** ▶ 全体集団 ▸ 自治的集団

一見まとまりがあるように見えるが，裏では不満が渦巻いている

■Keyword：民主的な話し合い活動／すべての児童が考えを表明する

どんな学校か
・農村地帯の山間部にある，各学年単学級の小規模校である。

どんな学級か
・事例学級は5学年で，児童数15名（男子8名，女子7名）である。
・幼稚園からほぼ同じメンバーで構成された学級で，今年度学級担任が代わった。
・前年度の学級集団はリーダー性の高い児童を中心に，まとまりのある雰囲気で，大きな問題は特にないと思われていた。Q-Uや児童アンケートでも大きな問題は見当たらなかった。
・個別に話を聴くと，女子の人間関係に関する不満が多く聴かれた。保護者からも児童の人間関係に関する相談が多く寄せられた。学級が階層的な人間関係のもとで安定を保っており，一部の児童の発言に従うことで，学級のバランスが保たれていることがわかってきた。

どんな人間関係が見られるか
・リーダー性を強く発揮している杏子と舞。同じスポーツをし，とても仲がよい。運動能力が高く，勉強もよくできる。2人とも自分たちの仲さえよければそれでよいと公言している。言い方が強く，理屈をこねて正当性を主張するが，発言内容は自己中心的なことも多い。それに対して周りは，言いたくても言えず，言っても言い返されるだけとあきらめている。
・杏子（A），舞（B）と同じスポーツをし，2人と仲のよい和真（C）と智也（D）。4人でまとまり，ほかを寄せつけない雰囲気を醸し出している。智也は規範意識も高く，正当な発言をするリーダーとしての力がある児童だが，杏子と舞には逆らえず，不当だと思っても従ってしまう。
・気持ちのやさしい美緒（E）と真央（F）。2人とも能力は高い。固定的な人間関係のなか，自己主張をせず，周りの意見に従って過ごしている。考えを伝える習慣がなく，考えを聴いても答えられないことが多い。しかし本心では不満があり，紙きれに悪口を書いていた。
・明るく元気で，何事も臆せずに発言できる茜（G）。ほかの女子との関係がうまくいかない。杏子や舞と仲よくしたいが，うまくいかずに悩んでいるように見える。

こう動いた！ ▶▶▶　　　教示的リーダーシップ　説得的リーダーシップ

話し合い活動で民主的な集団決定の体験を積ませる

現リーダーの杏子を中心として学級を組み立てていく。ほかの児童に突然リーダー

をさせても、いまの学級集団のままでは成り立たないと考えた。

現在の学級のなかでは、強く主張を繰り返す者と、言うことができずに従う者という関係が成立している。その関係性のまずさを直接指導するのではなく、構造的に崩そうと考えた。

民主的な話し合いを成立させるために、計画的に話し合い活動を行う。5月は話し合い活動の計画立案用紙や話し合い活動の流れに関する掲示物、司会への指導などの準備を行う。6月より、これまでに意見を言わなかった児童も含め、全員に考えをもたせて意思表明をさせる話し合い活動に切りかえる。まずは児童が意見を言いやすい議題で行うこととして、6月に「お楽しみ会の計画」という議題で行う。

いっぽうで、児童や保護者のなかに学級の人間関係に不満があるという事実を踏まえ、女子を中心に、表面化していない人間関係の把握に努める。

ルール確立はこうした！
❶言えない立場の児童が感じていると思われることを代弁する。学級担任がおかしいと感じたことは、なぜおかしいかという理由を説明しながら説得的に伝える。
❷友達のほうを向いて話を最後まで聴くことを指導する。話す人の顔を見て聴くことを意識づけるために、話を聴ける体勢になるまで話をせずに待つ。
❸5年生の行事を一覧にして話をし、いつごろ、どのような過程を経て6年生になるのか意識づける。協力していかないと学校全体は動かせないことを話し、見通しをもたせる。
❹当番活動に遅れないよう、いつ何をするのか具体的に考えさせる。時間を意識させる。

リレーション形成はこうした！
❶表面化していない児童の悩みや人間関係を「学級担任が知っている状態」になるために、児童の話を意識的に聴き、様子をよく観察する。また、児童同士が互いにどう思っているのか、不安に思っていることは何かなどについて、教育相談の時間等を活用して全員から個別に話を聴く。
❷友達への固定的な見方を変えていくために、これまで知らなかった友達の一面を知ることができるようにする。朝活動の時間を用いて「休日に行ったこと、好きなテレビ番組など、それぞれの好きなこと」などを自己紹介し合う。
❸授業ではペア学習やグループ学習によって教え合ったり、かかわったりできるように、座席を意図的に配置する。

リーダー、フォロワー育成はこうした！
❶学級の改善について自分の考えをもたせる。話し合い活動に臨む前に、議題に対する自分の考えを必ず全員にホワイトボードや付箋、短冊などに明記して、表明させる。
❷考えを出し合って比べ合う方法を習得させるために、考えを出し合って比べ合うことができるような話し合いの流れを示しておく。
❸児童が話し合い活動に慣れないうちは、学級担任が話し合いの流れをコントロール

する。すべての児童がその気になれば発言できるように，事前に案を考えさせておく。考えを表明しない児童には，指名して事前に考えた案を発表させる。同じ案の場合は，自分なりの理由を述べるようにアドバイスする。

学級はこうなった！ ▶▶▶ 混沌・緊張 ▶ **小集団** ▶ **中集団** ▶ 全体集団　自治的集団

自分も考えをもち，伝えなくてはならないという意識に変化してきた

　4月に学級担任が変わり，ルールに関しては前年度よりも厳しく指導したため，不満そうな表情を見せることもあったが，理由を説明すると気持ちよくルールを守ろうとする児童が多かった。そして1学期の終わりには，持ち物や話の聴き方などのルールを守ろうとし，朝活動の時間をきっかけに，互いを知ろうとする雰囲気が生まれてきた。

　4月の学級目標や誕生会の内容決めの話し合いでは，一部の児童が発言を繰り返し，多数決ではその児童の意見に同調する姿が見られ，学級担任が話し合いに介入した。そして，6月より話し合い活動の指導をしたところ，1学期末には流れを定着させることができた。そこでは，一部の意見だけを聴いて多数決をとるのではなく，考えを出し合い，比べ合って決めていく民主的な話し合い活動の流れを定着させることができた。

　考えを言わないことに慣れていた美緒と真央は，必ず考えを表明しなければならないことに苦戦していた。はじめは自分の考えを出すことに時間がかかっており，どう自分の考えを表明したらよいか悩んでいる様子だった。しかし，考えを出すことで認められる場面が増え，自信をつけていった。

おもなリーダー，フォロワー

・杏子は1学期の学級委員決めのとき，周りの様子を見てさっそく立候補した。話し合い活動では，学級委員として司会もそつなく進めるが，舞と2人で自分たちと違う考えをもつ誠（H）や諒（I）に対し，さまざまな理由をつけて彼らの考えを否定する発言が見られた。杏子の考えが突然変わって主張を変えることもあり，舞も杏子の考えに同調して賛成する場面も見られた。そんな杏子であったが，ほかの児童が考えを表明し，理由に着目して話し合いを進めるようになると，少しずつ周りの意見を聴くようになっていった。

・杏子は，4年生のときはQ-Uで満足群のなかでも承認得点が高い位置にいたが，ルールに関する指導を強めたり，話し合い活動を一部の児童の意見に流されないように進めたりしたところ，5月のQ-Uで満足群から侵害行為認知群に移動した。常に学級の中心にいて，ほぼ思い通りに学級を動かすことができていた杏子が，思い通りに動かせなくなったため，満足度が下がったのかもしれないと考えた。

1学期の学級集団の状態（5月）

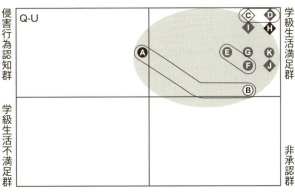

■学級の公的リーダーの児童生徒
【男子】Ｈ(誠)：学級委員に立候補した。リーダーの役目を果たそうと意欲的になっている。まだリーダーの経験が少ない。
【女子】Ａ(杏子)：はっきりと意見を言い，率先してリーダーの役目を果たしている。反面，高圧的な態度で，強く主張することもある。
■学級で影響力の大きい，陰で仕切るような児童生徒
【男子】Ｃ(和真)：公の場ではあまり発言しないが，自分の思い通りになるように，陰で主張を合わせるように強要することがある。
【女子】Ｂ(舞)：自分の意見が通るまで自己主張をする。Ａ(杏子)の意見に同調する。
■態度や行動が気になる児童生徒
【男子】該当なし。
【女子】Ａ(杏子)：不満があるとあからさまに態度に表す。
■プロットの位置が教師の日常観察からは疑問に感じられる児童生徒
【男子】Ｈ(誠)：やさしく，人の気持ちによく気づくが，認められていないことが多い。
Ｉ(諒)：自分の考えをきちんと伝えられるが，認められていないことが多い。

【女子】Ｇ(茜)：女子の間でのトラブルがあり，どのグループにも所属できずに，不安そうな表情を見せることがある。
■学級内の小グループを形成する児童生徒
【男子】Ｃ(和真)，Ｄ(智也)：同じスポーツをしている。
【女子】Ａ(杏子)，Ｂ(舞)：同じスポーツをしており，結びつきが強い。
Ｅ(美緒)，Ｆ(真央)：同じ習い事をしている。
■4群にプロットされた児童生徒に共通する特徴
【満足群】おおむね友達関係に満足しており，自分の立場が安定している。
【非承認群】該当なし。
【侵害行為認知群】自分のやりたいことがはっきりとしており，思うように進められずにいる。
【不満足群】該当なし。
■学級の様子と問題と感じていること
・Ａ(杏子)，Ｂ(舞)の考えが中心となって学級の方向性が決まっており，集団としての高まりがない。
・人間関係が不安定で，互いに腹を探っている様子が見られる。

事例7 主従的な人間関係を乗り越えた単学級

2学期

混沌・緊張 ▶ 小集団 ▶ **中集団** ▶ **全体集団** ▶ 自治的集団

だれもが自分の考えを述べることによって，友達に対する見方が変化した

■**Keyword**：建設的な話し合い活動／イベントを通して全員がリーダーを経験

1学期を振り返って

　この学級は，杏子（A）と舞（B）が必死に牽引してきた学級であることが学級担任の実感としてわかってきた。また，何でも言える杏子や舞は，何でもストレートに言う茜（G）とは気が合わないということ，また真央（F）や美緒（E）は，公の場では言葉には出さずに我慢するが，裏では不満を表していること。女子の人間関係の煩わしさを避け，積極的に女子とはかかわらず，男子と過ごすさくら（K）。こうした女子の人間関係の構造が明らかとなった。また男子は正当な意見で反論してみるがつぶされるため，「言ってもむだ」とあきらめの言葉を発することも多かった。

　何でも言える杏子や舞は，いつの間にか学級では何事も思い通りになるという意識をもつようになったと考えられる。また同時に積極的に考えを言わない真央や美緒へのいらだちを見せることもあった。杏子や舞を自己中心的ととらえることもできるが，学級の活動を成立させようとし，必死にがんばってきた2人であるとも考えられる。2人の学級への思いを生かしたいと思った。

　話し合い活動で，考えをもたせるようにしたところ，真央や美緒などこれまで考えを表明しなかった児童がよい考えを出す姿に，2人に対する周囲の見方が変わってきていることを感じた。みんなの考えを出し合って民主的に決定する流れには慣れたものの，まだまだ建設的でなく，考えそのものでなくだれの意見かで賛成したり反対したりする姿に，「おかしい」と感じて学級担任に伝えてくる男子もいた。

考えられる対策

①固定化した関係を改善するため，建設的に考えを比べ合わせる

　7年間の共同生活を通じて固定的になった人間関係を改善することはそう簡単なことではない。考えを言えなかった児童が「言える話し合い活動のシステム」を成立させ，建設的な話し合いができるようになることが大切であると考えられる。

　だれもが必ず議題に対して意見をもち，表明し，比べ合わせることを徹底していく。「だれが言った考えか」が重要ではなく，その考えの「理由」や，「目標」に立ち戻って考えを比べ合わせ，建設的な話し合いになるよう指導する。その際，相手を受容してから意見を述べる伝え方に着目させ，批判的な話し合いにならないように指導する。特に杏子が言った意見に同調する傾向が見られたため，話し合いが建設的でなく，同調によって決まりそうなときには学級担任が話し合いに介入し，ほかの意見をもつ児童の考えを代弁したり，気になる点について指摘したりする。

②イベントを活用して全員がリーダーを経験させる

　小規模校では，6年生になるとだれもがどこかでリーダーの役割を必ず経験する。そのなかで，縦割り班活動など，同級生を頼ることができないという状況も多くある。

リーダーとしての力をもつ杏子や舞だけでなく、これまでにリーダー経験の乏しいほかの児童もリーダーシップを発揮することが求められる。そこで行事や総合的な学習の時間の活動リーダーを全員に経験させ、リーダーとしての力を身につけさせると同時に、フォロワーとしての立場も意識させる。

こう動いた！▶▶▶　　　　　　　　　　　　　　　　参加的リーダーシップ　委任的リーダーシップ

全員にリーダーを経験させ，リーダー経験者にはフォロワーシップについて考えさせる

　2学期は、行事や総合的な活動の時間を利用して学級内での活動を多く設け、3学期には学校全体のリーダーとなれるように経験を積ませる。全員にリーダー経験を積ませ、フォロワーとしての行動について考えさせていく。

　1学期は全員が考えを出し合って民主的に比べる話し合い活動に慣れてきたので、2学期は考えをじっくりと比べ合ってよりよい考えに高めていく建設的な話し合い活動となることに重点をおき、指導していく。話し合いの際には、友達の考えを受容してから主張できるように指導する。学級担任は、児童が話し合って決めたことにはできるだけ口を出さずに見守るようにし、児童が困っているときは、参加的な立場で提案をし、どうするかは児童自身に決めさせる。

　話し合いを成立させるために、主張的な言い方を身につけられるように指導する。1学期は思いをうまく伝えられずに陰で仲間はずしをする姿も見られたため、嫌なことなどがあったとき、断らなければならないときは、相手にきちんと気持ちを伝えられるように指導する。

ルール確立はこうした！

❶「友達への伝え方」をソーシャルスキルトレーニングを通じて学習させる。「攻撃的な言い方」「消極的な言い方」「主張的な言い方」を指導する。

❷学級内に「何事も話し合って決め、決めたことを実行する流れ」を定着させるために、行事を活用する。

❸自分たちで決めた目標を自分たちで管理する意識を高める。活動前には学級やグループの目標を決めさせ、それを守ることができるように働きかける。事後には必ず振り返りをさせ、目標が達成できているか確認させる。

リレーション形成はこうした！

❶児童同士の認め合いを促進する。活動後には、全員のよさやがんばっていたことを付箋や短冊に書いて交換する。

❷❶の認め合い活動でもらった付箋や短冊をワークシートに貼り、教室内に掲示する。保護者にがんばっている様子や成長を認めてもらうために、学習参観で紹介する。

❸活動の様子を毎週末に発行する学級だよりに積極的に掲載する。できるだけ児童の名前を入れる。

❹児童に行事ごとに作文を書かせる。それに対して、学級担任が、がんばっていたことや成長したと感じる点について、メッセージを書く。

❺学級の人間関係が不安定であることを考慮して、グループ編成は児童の自由にはさせずに、学級担任が介入して行う。

リーダー、フォロワー育成はこうした！

❶全員にリーダーを経験させる方針を示す。あわせて、リーダーの選出は立候補制とすること、だれがリーダーになっても協力することを確認する。

❷9～10月の総合的な学習の時間に関するプロジェクト活動で、2～3人組で各プロジェクトリーダーを担当させる。どの児童も自分のやりたいプロジェクトリーダーに安心して立候補できるように、立候補することに積極的でない児童には、事前に力を発揮できそうな活動を紹介し、学級担任がサポートすることを約束する。

❸経験の浅いリーダーもプロジェクト活動を遂行できるように、活動の事前と事後にリーダーの仕事に関するていねいな指導を行う。活動前にはリーダーに活動の流れや方向性について個別に考えを聴き、アドバイスをする。見通しをもって取り組めるよう、リーダーとしての活動の流れ、どのような活動や話し合いになるかの予測、どこまで活動するかなどを打ち合わせる。活動後にはリーダーとしてよかった点を学級担任から伝える。

❹1学期に学級委員を務めた杏子と誠に、フォロワーとしてどのように振る舞うとよいか考えさせ、行動させる。

❺体育祭等での異学年活動を通して、リーダーとして必要なこと、フォロワーとして必要なことを学びとらせる。

学級はこうなった！ ▶▶▶ 混沌・緊張 ▶ 小集団 ▶ **中集団** ▶ **全体集団** ▶ 自治的集団

自分もリーダーとして力を発揮しなくてはならないという意識が育った

　9月はじめに女子の人間関係に関するトラブルがあったが、以降人間関係のトラブルはほとんど見られず、全体的に意欲的に活動する様子が見られた。

　それぞれの児童がリーダーの役割を仲間の協力を得ながらこなしていくなかで、中集団から学級全体で取り組む活動ができる集団になった。

　行事やプロジェクト活動を通し、学級の意見を取り入れながら全員が主体的に活動するなかで互いを認め合う姿が見られ、固定的な見方からいままで気づかなかった友達のよさに気づく児童も出てきた。

おもなリーダー、フォロワー

・杏子は学習発表会の全体リーダーを務めたが、意見を主張する立場から、学級全体の意見を聴き、比べ合いを促す立場へと変化した。リーダーではない活動の話し合いでも発言が減り、友達の考えを聴くようになり、穏やかになった。

・舞は相変わらず意見を強く主張する姿が見られた。

・茜は10月ごろから杏子や舞と過ごすことが増え、比較的うまくやっているように見られた。しかし不安もあるのか、休み時間になると6年生と過ごすことが増えた。

・6年生に向け、学校全体のリーダーを引き継ぐ第1弾として、音楽隊のリーダー引

継が行われた。それまでに考えを伝えられずにいた真央が立候補し、自分にもできるという自信をもち始めている児童がいることを確認した。

2学期の学級集団の状態（10月）

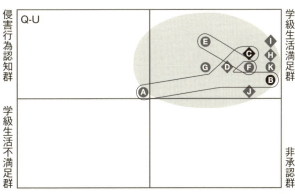

■学級の公的リーダーの児童生徒
【男子】Ⓒ(和真)：リーダーとしての経験は少ないが、学級委員を機に、司会などうまくできるようになりたいと考えている。自分の思い通りにするために、陰で主張を合わせるように強要することがある。
【女子】Ⓑ(舞)：能力が高く、中心となって学級をリードする。正当な意見を主張するが、自分の意見が通るまで強く主張してしまうこともある。考えを比べられるようになってきた。

■学級で影響力の大きい、陰で仕切るような児童生徒
【男子】該当なし。
【女子】Ⓐ(杏子)：強い主張は少なくなったが、周囲が気を遣っている。

■態度や行動が気になる児童生徒
【男子】該当なし。
【女子】Ⓐ(杏子)：不満があると態度に表す。
Ⓑ(舞)：自分の考えを通そうとし、友達の意見を否定するような発言をしてしまうこともある。

■プロットの位置が教師の日常観察からは疑問に感じられる児童生徒
【男子】該当なし。
【女子】該当なし。

■学級内の小グループを形成する児童生徒
【男子・女子】Ⓐ(杏子)、Ⓑ(舞)、Ⓒ(和真)、Ⓓ(智也)：同じスポーツをしている。特にⒷ(舞)とⒶ(杏子)がこの4人のつながりを大事にし、他を寄せつけようとしない。
【女子】Ⓔ(美緒)、Ⓕ(真央)：同じ習い事をしている。

■4群にプロットされた児童生徒に共通する特徴
【満足群】おおむね友達関係に満足しており、自分の立場が安定している。
【非承認群】該当なし。
【侵害行為認知群】自分のやりたいことがはっきりとしており、思うように進められずにいる。
【不満足群】該当なし。

■学級の様子と問題と感じていること
・小グループを形成し、排他的な様子が見られる。
・人間関係がまだ不安定で、互いに腹を探っている様子が見られる。

事例7 主従的な人間関係を乗り越えた単学級

3学期

混沌・緊張 ▶ 小集団 ▶ 中集団 ▶ **全体集団** **自治的集団**

だれもがリーダーとして活躍することで，互いの立場を理解

■ **Keyword**：めあての確認−実行−振り返りの流れの共有／めあてやルールの話し合い

2学期を振り返って

　学級の全員がリーダーの役割を経験したことにより，自分にもできると自信をもつ児童が増えてきた。これまでに活躍を見せなかった誠（H），諒（I），さくら（K）もがんばっている姿を見せるようになり，友達から認められる場面が増えた。

　さらに，リーダーを経験することで互いの立場を理解できるようになり，フォロワーシップも育った。リーダーを経験した後は，フォロワーとしてより協力的な姿も見られるようになってきた。

　児童同士の関係がよい方向に向かい始めたが，人間関係の不安定さは完全に解消されたわけではなかった。杏子（A），舞（B），和真（C），智也（D）が一緒にいたいとの思いから，休み時間の遊びのグループ決めでジャンケンの不正をした。そのとき，周りの児童は気づいていたが，茜（G）や誠，諒は指摘することができず，学級担任に訴えてきた。指導したが，人間関係が不安定ななかでは，自分たちでグループを決めるとトラブルになると不安を感じる児童が多くいた。

　これまでのトラブルについて話し合い，互いの気持ちを伝え合う方策も考えられた。しかし，より溝を深めてしまうことを不安に感じており，仲間との成功体験を積み重ねることで人間関係を改善していく方策がよいと考えられた。

考えられる対策

①3月の6年生を送る会に向けて，自治的な活動を多く経験させる

　2学期は，中集団から学級全体での活動を繰り返し，全員がリーダーを経験しながら意欲的に活動することができた。杏子が仲間の意見に耳を傾けるようになったことをきっかけに，さまざまな意見が出るようになり，考えを比べ合いながら建設的な話し合いができるようになってきた。

　そこで6年生から学校全体のリーダーを引き継ぐ3学期は，学級担任の指導性を児童が自治的に活動する経験を多く積ませるようにコントロールする。

　特に重視したいのが，3月に行われる6年生を送る会である。6年生を送る会では，全体のリーダーと，活動別の小グループリーダーに分け，それぞれに責任をもたせる。全体のリーダーには各グループの動きを確認，調整させる。具体的な方法として，活動の前には，①リーダーからひとこと，②今日取り組む内容をグループごとに報告させる。事後には，①活動報告，全体への相談，提案，②全員での振り返り，③リーダーから次の時間の活動内容の提案，を行わせる。

　全員が同じ方向を向き，全体の流れを把握して動けるようにする。学級担任の指導は「悩みが出たときに相談にのる」「誤った方向に進もうとしているときに助言する」程度にする。

第3章 学級集団づくりの事例

②目標やルールを事前にしっかりと決める

　トラブルが起きて嫌な思いをしないよう，全員が納得したかたちで取り組めるよう，活動前にグループも含め，目標やルールを決める。ここで時間を省略せず，どのような活動・行事にしたいか，しっかりと互いの思いを出させ，共有させる。

　決めた目標やルールは，リーダーが大き目の紙に書いて貼り出し，活動中に意識できるようにする。

　また，活動前にはリーダーが必ずひとこと言い，その日の活動のめあてや方向性を示す。

こう動いた！▶▶▶　　　　　　　　　　　　　参加的リーダーシップ　委任的リーダーシップ

責任感と協力する意識をもたせるように，自分たちで話し合って決めさせる

　2学期に身につけた力を発揮させ，より自治的な活動を促していく。

　3学期は現6年生に代わって全校をリードしていく立場となるため，当事者意識を高めるとともに，学級内から，学校全体へと意識を向けさせる。新しく6年生になってから全校のリーダーとしての力を身につけるのでなく，3学期のうちに全校のリーダーとしての力を身につけさせる。

　1人ではできないが，友達に協力してもらえばできることはたくさんあることを教え，リーダーシップに加えてフォロワーシップを意識させ，全員の力を合わせて活動を成功させていく学級をつくりたい。1人ががんばり，だれも協力してくれない学級よりも，がんばっているときに支えてくれる友達や，間違ってしまったときにそっと教えてくれる友達がいる学級のほうがいいことを語りかけたり，具体的場面で声かけをしたりして，互いに協力する意識を高めていく。

ルール確立はこうした！

❶上手な断り方を練習する。嫌なことがあったときやできないときには，「主張的な言い方」を用いるように指導する。

❷グループの決め方や目標，ルールについて，自分たちが納得できるように話し合わせる。

リレーション形成はこうした！

❶活動中に互いに協力することを意識させ，言葉や行動で表せるようにする。

❷児童同士の認め合いが促進されるように，活動後に振り返りをするとき，直すべき点は自分から，よかった点は友達から言わせる。

❸協力する姿を具体的に意識化できるように，協力している姿が見られたときに，学級担任が言語化して伝える。

リーダー，フォロワー育成はこうした！

❶リーダーが中心となって活動を進め，相談して決めた目標やルールを守って活動をさせる。活動前には，リーダーを中心に目標と活動内容を確認させ，活動後には振り返りと次に向けての確認を行わせる。学級担任は見守る姿勢をとり，基本的にす

事例7 主従的な人間関係を乗り越えた単学級

べてを児童が進め，学級担任は必要なことだけ話す。
❷児童にフォロワーシップを意識させるために，2学期のリーダー経験をもとに，リーダーではないときにどのようにかかわったらよいか語りかける。
❸児童に見通しをもって自主的に取り組むことを促すために，予定やもち時間を視覚的に示す。

学級はこうなった！ ▶▶▶ 混沌・緊張 ▶ 小集団 ▶ 中集団 ▶ **全体集団** 自治的集団

互いに声をかけ合い，協力する姿が見られるようになった

　児童の意識は，学級での活動を協力してうまく進めることから，学校全体の活動をどう進めていくかという視点へと変化していた。
　そして，活動を通して友達とかかわり，協力することで同時にリレーションを高めることができ，このメンバーとならできるという自信をもつようになった。
　反省は自分から，よかった点は友達から伝えることが定着し，活動の後に批判的な態度をとる児童が減り，みんなでつくり上げる雰囲気が出てきた。
　学級に建設的な雰囲気ができてきたことを踏まえて，さらに主体性を育てることをねらって，学級担任の指示は少なく，相談があったときには「どうしたらよいと思いますか？」と投げかけるようにした。すると，学級担任への相談でも，学級の提案でも，まずはリーダーがどのようにしたらよいか考え，「～しようと思いますが，どうですか？」と伝えてくるようになり，いっそう自主性が育ってきたと感じられた。

おもなリーダー，フォロワー

・これまで杏子に従ってきた舞は，児童会長になることを希望していた。自分中心ではなく，ばらばらな考えを比べ合い，折り合いをつける司会の力を身につけることができるように働きかけたためか，3月に侵害行為認知群に入った。杏子と同じで，自分の思いのまま自己主張ができる立場から，ほかの考えを聴きながら進めていかなくてはならない立場になったからであると考えられた。
・グループに入りたくてもなかなかうまくいかなかった涼太（J）と茜が，6年生を送る会の全体リーダーになった。見通しをもって指示が出せるように，次にやることを事前に2人で相談して進めたため，友達から認められる場面が増えた。
・6年生を送る会や1年生を迎える会の準備では，年度初めにはリーダー性を発揮できなかった智也と美緒（E）がリーダーシップを発揮するようになった。リハーサルのときには，うまくいっていない部分を指摘し，どのようにしたらよいか提案しながら進める姿を見せた。
・さくらは諒と新1年生との交流会のリーダーを務めた。日ごろ，リーダーの立場を好まず，サポートする立場を好むことが多いさくらだが，やらなければならない立場になり，進んで取り組む姿を見せた。不安もある様子なので，次の予定や進行具合をこまめに確認しながら進めた。新1年生が喜ぶ姿に，「やってよかった」と話した。

3学期の学級集団の状態（3月）

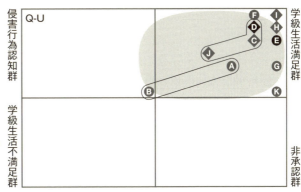

■学級の公的リーダーの児童生徒
【男子】D（智也）：男子のなかでのリーダーだけでなく，全体の場でも意見を伝えて建設的な方向性に導く。
【女子】E（美緒）：リーダーとしての役割に慣れ，事前に計画を立てて取り組んでいる。

■学級で影響力の大きい，陰で仕切るような児童生徒
【男子】該当なし。
【女子】該当なし。

■態度や行動が気になる児童生徒
【男子】該当なし。
【女子】A（杏子）：不満があると態度に表す。
B（舞）：自分の考えを通そうとし，友達の意見を否定するような発言をしてしまうこともある。

■プロットの位置が教師の日常観察からは疑問に感じられる児童生徒
【男子】該当なし。
【女子】該当なし。

■学級内の小グループを形成する児童生徒
【男子】C（和真），D（智也），J（涼太）：C（和真），D（智也）の2人にJ（涼太）が一緒に加わるようになり，休み時間に男子だけで遊んで過ごすことが多くなった。
【女子】A（杏子），B（舞）：同じスポーツをしており，結びつきが強い。
E（美緒），F（真央），G（茜）：学級での活動では，G（茜）が一緒に過ごすことが増えた。

■4群にプロットされた児童生徒に共通する特徴
【満足群】活動に意欲的に取り組んでいる。
【非承認群】自分からのアクションが少なく，学級で認められる場面が少ない。
【侵害行為認知群】該当なし。
【不満足群】該当なし。

■学級の様子と問題と感じていること
・A（杏子）は落ち着いたが，B（舞）と2人で不満があると表情や態度に表し，周りに気を使わせる。
・K（さくら）の承認感が低く，認められることが少ない，自分に自信がないと感じている。

おわりに

1年間を振り返って

　当初，一見うまくいっているようであったが，よくみると女子の人間関係のトラブルが多く，階層的な人間関係が見られた学級であった。1年間の取組みを通し，一部の児童の考えに従うのではなく，互いに考えを出し合い，比べ合って折り合う習慣を身につけさせることができたと感じている。

　小規模校では，人間関係が固定的になりがちであり，一度こう着した関係性を改善することはむずかしい。その関係性を改善していくことへのチャレンジでもあった。1学期は，民主的な話し合い活動を経験させ，考えをもつ習慣がなかった児童にも「自分も能動的にかかわっていこう」とする意識へと変化を促した。真央は「考えを必ず言わなければならないことに，まだプレッシャーはあるが，自分から考えを言えるようになってきた」と自分自身の成長を振り返った。

　2学期は考えを表明し，比べ合い，建設的な話し合いで折り合いを生み出すように働きかけるとともに，全員にリーダーを経験させた。リーダー経験の少ない児童が多く，指導は大変だったが，自分にはリーダーはむずかしいと思い込んでいた児童がその立場に立つと意欲的に取り組む姿を見て驚いた。リーダーシップを発揮することで周りから認められ，リーダーを経験することでフォロワーシップも育ち，児童同士の関係がよい方向に動き始めた。リーダーの経験が互いの立場を理解して活動に取り組むことにつながり，学級が大きく成長するきっかけになったと思う。

　3学期は「学級」規模から「学校全体」規模へと児童の意識が変化し，全員で考えを出し合って比べ合い，力を合わせて取り組もうとする姿が見られ，学級としての成長を感じた。課題として，安易な折り合いが見られたことがあげられる。より深い比べ合いができるような学級に育てていくには，話し合わせ方や議題の設定など教師自身が学んでいかなくてはならないことが多いと感じている。

　この後，本当の人間関係の変化は，6年生になってから起こった。絶対に崩れなかった杏子と舞の関係が崩れ，女子は全員で一緒に遊んだり，遊びや活動によってグループを変えたりするようになった。互いの顔色を伺う様子がなくなった。男子もその変化を喜び，智也は学級のお楽しみ会で全員で遊んだ後，「心から楽しい。前は遊んでいても嫌な感じだったけど」と5年生のときを振り返った。学級の児童の関係も，ピラミッド型の階層的な人間関係から，その時々でリーダーとメンバーを変えながら協力して活動できる学級へと成長した。Q-Uでも，6年生の9月，3月と学級生活満足群が100%になり，責任感のある6年生として活躍した。

　学級担任として，学級の児童の意欲に助けられながらともによりよい学級をめざして取り組むことができ，充実した日々を過ごすことができた。児童の力を決めつけず，やらせてみることで力を発揮する姿をたくさん見ることができた。この経験を糧に，学級の力を伸ばすよう，学級担任としての指導力をこれからも高めていきたい。

ダイジェスト
考えの交流を通じて役

学級集団はこう変化した！

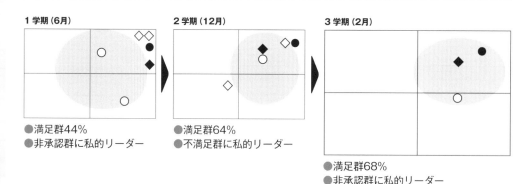

1学期（6月）
●満足群44%
●非承認群に私的リーダー

2学期（12月）
●満足群64%
●不満足群に私的リーダー

3学期（2月）
●満足群68%
●非承認群に私的リーダー

　目立たない児童もリーダーとなり活躍できるようになった6学年の実践である。単学級で人間関係が固定的で，女子の人間関係のトラブルや男子のルール破りやからかいが頻繁に起こり，友達グループ間の交流は少なく，学級としてのまとまりに欠けていた。学級担任は，1年間でルール遵守など学級の土台を立て直しながら人間関係の固定化を打破し，児童全員がもち味を生かしてリーダーやフォロワーの役割を果たせるように支援した。

● **学級担任のおもな特徴**
40代半ばの男性。

どのように学級経営を進めたいか？
●心の居場所となる学級づくりをめざしている。自分を飾らなくても受け入れられ，安心して過ごすことができる学級で，児童は自信をもち互いに認め合い学び合いながら成長していく。一見，無気力に見える児童に対しても，「伸びたい」という願いや伸びる力をもっていると考え，指導にあたっている。学級担任として，どの子にも伸びる機会を保障し，サポートをしていきたいと願っている。

どのようにリーダーを育てたいか？
●どの子にも伸びる機会を保障したい。一人一人がもち味を生かして支え合う学級のなかで個が育つという考えをもっている。このため，特定の児童にリーダーが集中しないように，役割関係を循環させたい。
●学級のだれもがリーダーシップ，フォロワーシップをとれるように，行事等の場面で，リーダーやフォロワーを育成しながら学級づくりを進める。初めは学級担任が主導して具体的な方法を示し，その後，児童の主体性に任せる部分を徐々に増やし，自治的な活動ができるように育てていく。

第3章 学級集団づくりの事例

割意識が向上した学級

学級担任はリーダーシップをこう切りかえた！

1学期

混沌・緊張 ▶ **小集団** ▶ 中集団 ▶ 全体集団 ▶ 自治的集団

前年度の荒れの影響で，学習，諸活動への意欲や自信を失っている

おもな活動：●学級開き ●体育大会　　　　　　　　　　▶P142〜145

こう動いた ▶▶▶ 学校のリーダーとしてのビジョンを描かせ，リーダー役割を体験させる

「はじめから完成されたリーダーはおらず，悩んだり失敗したりしながらリーダーとして成長することを期待する」と児童たちに伝えた。そのうえで，1年間の見通しを示し，「自分はどの場面でリーダーをやりたいか」を考えておくように促した。また，どの児童も活動を通してリーダーやフォロワーとしての具体的な行動を学べるように，生活グループのリーダーを輪番制とした。

こうなった ▶▶▶ 任された役割に取り組むことを通して，活動への意欲が高まってきた

2学期

混沌・緊張 ▶ 小集団 ▶ **中集団** ▶ 全体集団 ▶ 自治的集団

児童同士が協力し合い，感謝し合う雰囲気が醸成されつつある

おもな活動：●運動会　　　　　　　　　　　　　　　　▶P146〜149

こう動いた ▶▶▶ 全員がリーダーやフォロワーの役割を通して成長できるようサポートする

行事などリーダーを体験する場が豊富にある2学期は，リーダーの兼任を避け，できるだけ多くの児童が希望のリーダー役割で活躍できるようにした。児童各自のもち味や特性が生きるように，また成長への期待を込めつつ，立候補を促した。そして，リーダーとしての苦戦状況が生じたときには，学級担任が解決のための策や具体的な方法を示してサポートした。児童一人一人に主体者として学級の課題を解決する意識をもたせることをめざした。

こうなった ▶▶▶ リーダーとしての活躍が，児童一人一人の自信につながった

3学期

混沌・緊張 ▶ 小集団 ▶ 中集団 ▶ **全体集団** ▶ 自治的集団

役割交流の活性化とともに自分の気持ちを表明できる児童が増えてきた

おもな活動：●卒業プロジェクト　　　　　　　　　　　▶P150〜152

こう動いた ▶▶▶ 児童の話し合いや活動を見守り「卒業プロジェクト」の実行を支える

学級の全員で協力して1つのことをやり遂げる体験を多くさせようと，卒業までの一連の活動を「卒業プロジェクト」と銘打ち，卒業時の自分や学級の姿をイメージさせ，卒業までにしたいことを出し合って見通しをもたせて取り組ませた。個々の活動は，男女混合のグループ編成で，活動ごとにリーダーの役割を交代させた。学級担任は児童の話し合いや活動を見守りサポートした。

こうなった ▶▶▶ 卒業に向けて，学級がひとつになって活動を進めていった

事例8　考えの交流を通じて役割意識が向上した学級

1学期

| 混沌・緊張 | ▶ | **小集団** | ▶ | 中集団 | ▶ | 全体集団 | 自治的集団 |

前年度の荒れの影響で，学習，諸活動への意欲や自信を失っている

■Keyword：だれもが納得できるシンプルなルール／1日交代の輪番制のリーダー

どんな学校か
- 古くからの商店，寺社等が多い市街地にある，単級の小規模校。
- 校区にある祖父母宅を介して校区外から通学する児童が多い。
- 縦割り班活動による異学年交流を図っている。6年生はリーダーとしての役割が大きい。

どんな学級か
- 事例学級は6学年で，児童数26名（男子12名，女子14名）である。
- 入学時からメンバーはほぼ変わらないが，転出入が多かった。6年から1，2年時の学級担任が，再び担任した。
- 昨年度は，女子のトラブルへの対応がうまくいかなかったことから一部の女子が不満をもつようになった。学級担任に対して反抗的な態度をとるようになり，2学期後半からは荒れが目立ち始めた。そして3学期になっても状況は改善しなかった。
- 昨年度はまた，自己主張が強い児童間のトラブルが多発した。また，男子数名が自分勝手なルール破りや友達へのからかい等の言動をしていた。学級内に不満が募っていた。
- 児童は学習，諸活動への意欲や自信を失い，本来もっている力を発揮できずにいる。
- 発言力の強い児童は，自分の主張を通そうとぶつかり合う。弱い児童は不満を口にできないでいる。小グループ同士の交流は少なく，学級としてのまとまりにも欠けている。

どんな人間関係が見られるか
- 聡美（A）や拓磨（B）は公的リーダーとして役割が期待される。聡美は成績がよく，さまざまな場面で豊かな発想を生かし活躍する。だれに対しても公平に接し，信頼が厚い。拓磨は，明るく何事にも前向きに取り組む。臆することなく自分の考えを話すことができる。2人ともリーダーとしての素養をもつが，影響力の大きい男子児童に押され，リーダー性を発揮できない。
- 晋平（C），尚太（D），桃花（E）はボス的存在である。晋平，尚太は，友達の気持ちを考えない言動が多く，ルール遵守への意識も低い。2人に対して意見を言ったり注意をしたりできる児童はいない。桃花は強引な言動が多く，友達とのトラブルも多い。周囲の児童は，桃花の反応を恐れ，本音を言うことができない。
- 舞（F），亜子（G），みさき（H）はトラブルが多い。舞は発想が豊かであるが，いらいらすると攻撃的な口調になり，トラブルが多い。亜子は，思いを話すことや友達の都合を思いやることが苦手である。不満が募ると乱暴な言動等の反社会的な行動をとる。学習への苦手意識があるが，気配りができ，自分で仕事を見つけてはよく働く。みさきは，遅刻や欠席が多い。周囲を顧みず自己中心的な言動が多く，孤立傾向である。

・裕文（I），沙織（J）は，自己表現が苦手な児童である。裕文は思いを表現できず自分を閉ざすことがある。学習への苦手意識がある。沙織は，学級全体の場では，ほとんど自分の思いを出さない。

こう動いた！ ▶▶▶　　　　　　　　　　　　　　　　　　　　教示的リーダーシップ

学校のリーダーとしてのビジョンを描かせ，リーダー役割を体験させる

　6年生には学校のリーダーとしての期待がかかっている。学級集団を立て直しながら，児童たちに最上級生としての役割を果たしていかせる必要がある。

　そこで，固定化した人間関係を打破し，だれとでも協力できるようにするとともに，ルール遵守に取り組む。また，一部の児童をリーダーとして育てて学級を牽引させていくのでなく，学級の全員がもち味を生かしてリーダーやフォロワーを交代しながら役割を果たさせていくようにする。一人一人にリーダーとしてのありたい姿を描かせ，めあてに向かってチャレンジさせ，協力してやり遂げさせることで，大きく成長させていく。

ルール確立はこうした！

❶一人一人にめざす学級像，最上級生としての姿を描かせる。最上級生になった児童への期待の気持ちを伝える。話し合いでは学級目標達成に向けてのキーワードを設定する。

❷ルールの意義について話し合う。6年生がルールを守らなければ下級生も守らないことに気づかせ，「学校のルールの砦」としての自覚を促す。

❸これまでの学級のルールを見直し整理し，だれもが納得できるシンプルなルールをつくる。

❹学級担任は，不正を見逃さない。人を傷つける言動やルール破りには，その都度，相手の気持ちを聞かせ，自分の行動を振り返らせる。ルール違反が生じたときは，個別に，または学級全体で，なぜルールを守らなければならないのかを考えさせる。

❺みんなが楽しめるルールをつくり，そのルールに従って思いきり楽しむという体験学習を促す。めあてや個々の役割を明確にした学級集会を2回行う。

リレーション形成はこうした！

❶だれとでもあいさつを交わせるようになることをねらって，朝に「おはようタイム」，帰りの会に「ありがとうタイム」という個々にあいさつを交わす時間を設ける。

❷自他理解を深め，友達とかかわる喜びを実感させることをねらって，朝活動や学級活動で「さいころトーキング」「なんでもバスケット」「共同絵画」等のグループアプローチに取り組む。

❸授業のなかにペアやグループでの活動を増やす。対話のある授業を行う。

❹互いに支え合っていることへの気づきを促すために，行事後の振り返りに時間をかけて，自分や友達のがんばり，友達や周囲の人々に「してもらったこと」に目を向けさせる。

❺学級担任との二者関係を形成するために，給食の時間に，学級担任が班に入って班のメンバーと会話をしながら食事をとる。また，一人一人の児童のよさやがんばり

事例8 考えの交流を通じて役割意識が向上した学級

を見つけ,「私メッセージ」で伝える。
❻ルールに従い協力して活動する楽しさを体感し,自分の成長や友達のよさ,協力の大切さに気づかせる。5月の市全体で行われる体育大会に向けて,全員が「自己ベスト記録の更新」を目標に掲げ,100メートル走,ハードル走の練習に取り組ませる。また,7月の宿泊学習で,協力やコミュニケーションが発揮されるように工夫してグループ活動や登山等を行う。そして,活動を振り返り,友達と分かち合う時間を十分にとる。

リーダー,フォロワー育成はこうした！
❶行事や縦割り班活動等のリーダーへの立候補を促すように,卒業した先輩の歩みを知らせ,はじめから完璧なリーダーはおらず,みんな悩んだり失敗したりしながらリーダーとして成長したことを話す。
❷児童の主体性を大切にし,1年間の見通しを示し,どの場面でリーダーをしたいか考えておくようにする。
❸生活グループのリーダーは1日交代の輪番制として,毎日の話し合いや活動を通してリーダーやフォロワーとしての具体的な行動の仕方を学ばせる。
❹信頼されるリーダーになるには,言葉と行動の一致,ルールの遵守などが大切なことを話し合う。
❺多くの児童がリーダーを体験できるように,委員会活動や縦割り班活動のリーダーは兼任しないようにする。1つの役割に対して立候補者が複数いるときは,だれもが納得のいく方法で決定できるよう,全体で話し合う。
❻校内の教職員には,6年生に初めから完成されたリーダーとしての働きを要求するのではなく,具体的な活動を通して,一人一人をリーダーとして育成してほしいことをお願いする。

学級はこうなった！ ▶▶▶ 混沌・緊張 ▶ 小集団 ▶ 中集団 ▶ 全体集団 | 自治的集団

任された役割に取り組むことを通して,活動への意欲が高まってきた

機関車のように学校全体を引っ張っていきたいという願いから,学級目標は「走る○○小の機関車」に決まった。「チャレンジ」「みんなが働く」「思いやりと協力」「信頼されるリーダーに」を行動目標とした。
どの児童も互いに協力しながら,張りきって自分の役割に取り組んでいた。
5月の体育大会は,1つの目標に向かってみんなで取り組み,リレーションが深まった。7月の宿泊学習は,活動後の振り返りで,互いに感謝を伝え合っていた。
裕文は,不快なことがあると,きつい口調で話したり思いを話せず心を閉ざしたりすることがあった。学級担任が立ち会い,時間をかけて思いを話すことができるようにした。

おもなリーダー,フォロワー
・聡美,拓磨は,学級のリーダーとして,もてる力を発揮するにはいたっていない。
・亜子は,みさきが貸出禁止の図書室の本を借りて持っていることを知り,本人に無

断で本を棚に戻すなど，友達とのトラブルが多かった。その都度，学級担任が立ち会って誤解を解き，思いを話し合うようにした。学級担任の指導には素直に耳を傾けていた。そして，体育大会のハードル走に苦戦し，懸命に練習する聡美を応援し励ます姿が見られた。
・桃花は，強引な言動やコミュニケーション不足によるトラブルが多かった。

1学期の学級集団の状態（6月）

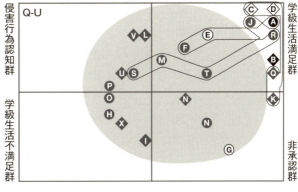

■学級の公的リーダーの児童生徒
【男子】Ⓑ（拓磨）：学級のリーダーとして力を発揮できていない。
【女子】Ⓐ（聡美）：学級のリーダーとして力を発揮できていない。
■学級で影響力の大きい，陰で仕切るような児童生徒
【男子】Ⓒ（晋平）：サッカーが得意。ルール遵守への意識が低い。思いやりを欠く言動が見られる。
Ⓓ（尚太）：運動が得意。晋平と同調し，ルール遵守への意識が低い。思いやりを欠く言動が見られる。
【女子】Ⓔ（桃花）思ったことをすぐに言葉や態度に表すため，友達は本音を言うことができない。
Ⓖ（亜子）：学習への苦手意識がある。よく働く。思いを素直に表現できず乱暴な言動をすることがある。
■態度や行動が気になる児童生徒
【男子】Ⓚ：自分の思いを素直に表現できない。ルール遵守への意識が低い。
Ⓛ：全体のなかで話を聞きとることが苦手。友達とのトラブルから感情を爆発させることがある。
Ⓘ（裕文）：学習への苦手意識がある。自分の思いを話すことができず，心を閉ざしてしまうことがある。
【女子】Ⓜ：自己中心的な考えから，友達とトラブルになることがある。冷めた態度をとる。
Ⓕ（舞）：思ったことをすぐに言葉や態度に表す。
Ⓗ（みさき）：遅刻や欠席が多い。約束を守らない等の理由から信頼されず，孤立傾向にある。
Ⓙ（沙織），Ⓝ，Ⓞ，Ⓟ：学級のなかでは，自己表出をほとんどしない。

■プロットの位置が教師の日常観察からは疑問に感じられる児童生徒
【男子】該当なし。
【女子】該当なし。
■学級内の小グループを形成する児童生徒
【男子】Ⓒ（晋平），Ⓓ（尚太），Ⓚ，Ⓠ：教員に対して冷めた態度をとる。学級開きに行った「先生とビンゴ」で，しらけた雰囲気を漂わせ活動に乗ってこなかった。彼らの行動が学級全体に及ぼす影響が大きい。友達への心ない言動やルール破りがある。
【女子】Ⓐ（聡美），Ⓔ（桃花），Ⓕ（舞）：Ⓔ（桃花），Ⓕ（舞）がⒶ（聡美）を慕って一緒にいる。聡美は，仲よしのⓉと過ごしたいと思っているが，言えない。Ⓔ（桃花），Ⓕ（舞）は意見の食い違いからトラブルになることが多い。
Ⓙ（沙織），Ⓜ，Ⓡ，Ⓢ，Ⓣ：Ⓜ，Ⓢのトラブルが多い。
Ⓣは，仲よしのⒶ（聡美）と過ごしたいと思っている。
■4群にプロットされた児童生徒に共通する特徴
【満足群】学級のなかで，ある程度の自己表出ができる児童が多い。
【非承認群】自分に自信がもてないでいる。学級のなかで自己表出をほとんどしない。
【侵害行為認知群】友達との些細な行き違いをうまく処理できず，トラブルに発展してしまう児童が多い。
【不満足群】友達と上手にかかわることができない。学習面で自信がもてない児童が多い。
■学級の様子と問題と感じていること
・女子児童の人間関係が複雑でトラブルが多く，良好な人間関係が形成されない。
・ルールを守ろうとする意識がまだ低い。

事例8 考えの交流を通じて役割意識が向上した学級

2学期

混沌・緊張 ▶ **小集団** ▶ **中集団** ▶ 全体集団 ▍ 自治的集団

児童同士が協力し合い，感謝し合う雰囲気が醸成されつつある

■ **Keyword**：自分の希望にそったリーダー体験／児童の能力に応じた目標設定

1 学期を振り返って

学級全体の雰囲気は4月当初に比べて格段によくなったものの，女子のトラブルは改善されたとはいえなかった。亜子（G）は，自分の思いを上手に表現することができず，周囲の友達から距離をとろうとして単独で行動することがあった。桃花（E）の自己中心的な言動に対して，周囲の児童は不満を感じながら何も言えない様子だった。みさき（H）は，女子のなかに入っていくことができないばかりか，男子からも敬遠され気味であった。

男子のなかでは，互いの理解不足によるトラブルがたびたび起こり，決まった友達としか交流しない児童がいた。

沙織（J）は，活発な児童の陰になり自分の思いを表出できない。

拓磨（B），聡美（A）は，リーダーとしての素養をもちながら，力を十分に発揮できずにいた。

考えられる対策

①授業のなかで自分の思いや考えを出し合い，自他理解を深める

1年生のときから学級編成替えがなく，同じメンバーで過ごしてきたため，友達への評価や学級の人間関係が固定化していた。女子の複雑な人間関係の背景には，自分の好みの強いこだわりやクラスメートへの先入観があると考えられた。そして，特定の友達と閉鎖的な小グループを形成し，互いに自分の思いを通そうとぶつかり合っていた。また，男子のトラブルの多くは，コミュニケーションや相手の立場で考える力の不足が原因であると考えられた。

1学期から取り組んでいるグループアプローチを活用した対話のある授業を通して，児童は少しずつ成長している。対話のある授業を継続していくことで，自他理解をさらに深め，友達への固定化した評価や人間関係を変えて，他者とかかわる力をつけていくようにしたい。

②多くの児童に自分のやりたいリーダー役割に挑戦させる

2学期は，運動会，縦割り班校区学習，公開授業，学習発表会，市音楽会等行事が多く，リーダー役割を体験する場がたくさんある。行事への取組みを通じて，一人一人がもち味を生かして活躍するようにする。

そこで，それぞれの活動のリーダーを複数にする，リーダーの兼任を避けるなどの配慮をして，できるだけ多くの児童が自分の希望のリーダーを体験し活躍できるようにする。

児童には，自分のもち味を生かす，苦手なことにも取り組むなど，チャレンジの仕方は多様であること，やろうとする気持ちがあればだれにでもできることを話し，リーダーへの立候補を促す。学級担任は，もち味や適性，成長への期待に配慮しながら，個々

第3章　学級集団づくりの事例

の児童に立候補を働きかける。そして苦戦状況が生じたときは，具体的な方法を示して全力でサポートする。また，うまくいかないことについて全体に投げかけて考えさせることで，一人一人に主体者として学級の課題を解決しようとする意識を高める。

こう動いた！▶▶▶ 　　　　　　　　　　　　　　　　　　説得的リーダーシップ　参加的リーダーシップ
全員がリーダーやフォロワーの役割を通して成長できるようサポートする

　委員会活動や縦割り班活動を通して，多くの児童が学校のリーダーとしての活動経験を積んでいる。また，グループアプローチを活用した対話のある授業や生活グループでの輪番制のリーダー，学級集会の企画・運営等を通して，リーダーやフォロワーとしての基本的な動きを学び，だれとでも協力しながら活動できるようになってきている。
　そこで，運動会や学習発表会等，学校行事のなかですべての児童にリーダーを体験させることを通して，一人一人をさらに成長させる。

ルール確立はこうした！
❶めざす運動会のイメージを共有させるために，運動会のスローガンについて話し合う。
❷めざす運動会の実現のために，リーダーとしてどのように行動するとよいのかについて話し合い，共有させる。また，一人一人にめあてと達成のための具体的な手だてを考えさせ，書いたものを掲示する。
❸めざす運動会の実現のためにどのように行動するとよいのか全員で話し合う。
❹学級内でトラブルが起きたときは，学級の問題として取り上げ，みんなで話し合う。
❺ルール破りが起こったときはルールの意義について再考させる。自分たちのルール遵守について話し合う。

リレーション形成はこうした！
❶個々にあいさつを交わす「おはようタイム」で，「ふだんあまり話さない人と」「昨日あいさつしなかった人と」などの条件を加える。
❷グループで活動するなかでコミュニケーション力を高め，自他理解を深めるために，1学期に引き続き，教科の学習や朝活動，特別活動にグループアプローチを取り入れる。活動での気づきや感じたことを分かち合う時間を十分にとる。
❸自分や友達の成長，互いの支えへの気づきを促すために，学習や行事後の振り返りをていねいに行う。
❹教師は，朝や帰りに，必ず個々の児童とあいさつを交わす。
❺友達と違った考えでもさらりと話し，どんな考えも否定せず認め合うことができるようになるために，ブレーンストーミング等を活用した対話のある授業を継続する。

リーダー，フォロワー育成はこうした！
❶運動会では，6年生が下級生にフォロワーの動きをモデルとして示す。リーダーが活動を進めやすいように，6年生のフォロワーが率先して行動する。
❷縦割り班校区学習（遠足）では，全員にリーダーの役割を体験させる。5年生を交えてリーダー会議を行う。準備段階では，めあて，当日までの見通し，リーダーと

事例8 考えの交流を通じて役割意識が向上した学級

しての具体的な活動や注意点を，2回に分けてていねいに指導する。遠足後には新聞作成についてのリーダー会議を行い，自分たちで新聞作成に取り組む。
❸卒業文集制作では，文集の内容や制作の方針について全体で話し合う。その後，希望者を募ってプロジェクトチームを立ち上げ，運営を任せる。すべての児童が係に所属して活動し，学級担任はアドバイザーという立場でかかわり，適宜助言を行う。
❹アイデアを活かして，聞く人に伝わる発表ができるように，学習発表で希望者によるプロジェクトチームをつくり，リーダーとして発表内容や方法等の企画・運営を任せる。

学級はこうなった！ ▶▶▶ 混沌・緊張 ▶ **小集団** ▶ **中集団** ▶ 全体集団 ▶ 自治的集団

リーダーとしての活躍が，児童一人一人の自信につながった

　運動会に向けて，赤・白のリーダー，鼓笛パレードの鼓隊グループなど，希望を募ってリーダーを決めた。応援団の児童は，応援合戦の演技の構成や全学年での練習がうまくいかず困っていたが，役割を分担したり互いに補い合ったりして応援団をまとめることができるようになった。

　児童は，運動会の成功に力を得て，縦割り班校区学習や学習発表会でも学校のリーダーとして意欲的に活動し，成果を上げていった。活発な児童の陰で目立たなかった児童が笑顔でリーダーとして活動する姿や，自分の考えを積極的に話す姿が見られるようになった。

　運動会や縦割り班校区学習で，すべての児童がリーダーとして活躍できたことで，自分に自信がもてるようになった。また，友達と協力する大切さに気づくことができた。

　卒業文集の作文や学級のみんなで企画したページのなかに，やり遂げた喜びや友達への信頼，感謝の気持ちが表現されていた。

おもなリーダー，フォロワー

・聡美は，学習発表や地区行事への協力活動，卒業文集制作でアイデアを出し，中心的な役割を果たした。友達から頼られるなかで，リーダーとしての力を発揮した。
・拓磨は運動会で応援団長として団をまとめた。また児童会の中心として活動した。
・晋平（C），尚太（D）は応援リーダーとして活躍した。社会科の教科担任が「江戸幕府は，鎖国を続けるべきか，開国すべきか」をテーマに，大名の立場で討論をする授業を企画した。児童は，既習の内容を基にして自分の立場を決め，根拠を明確にしながら考えを述べ合い，討論は大いに盛り上がった。2人も，鎖国派として堂々と自分の考えを主張していた。
・亜子と聡美が運動会の話し合いで衝突した。放課後，2人を呼んで話を聞くと，亜子は，応援練習がうまく進まず悩んでいたことを話した。学級担任が，「みんなで支え合うからむずかしいこともやり遂げられるのではないか」と話すと，2人は納得していた。以後，亜子が友達から離れたり反社会的な行動をしたりすることはほとんどなくなり，さまざまな活動でリーダーの児童に協力的にかかわるようになった。学習にも熱心に取り組むようになった。
・桃花は，応援練習や体育の授業中に友達とのトラブルがあったが，自分の非に気づく

ことができ行動を改めた。表情が明るくなり，下級生にやさしく接する姿が見られた。
- 舞は，学習発表の企画や準備，卒業文集作成で活躍した。
- 裕文は，運動会で応援団長を務めた。団全体の練習を進行することに苦戦していたが，副応援団長やリーダーとの協力で役割を果たした。学習への意欲も高まってきた。
  沙織は，学習発表会で5, 6年生が主催するゲームコーナーのお化け屋敷で，グループの中心となってアイデアを活かし，仲間と協力しながら生き生きと活動した。

2学期の学級集団の状態（12月）

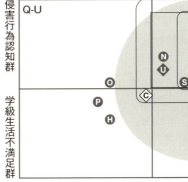

■学級の公的リーダーの児童生徒
【男子】Ⓑ(拓磨)：明るい。何事にも前向き。
【女子】Ⓐ(聡美)：だれにでも公平に接する。学級をよくしたいという願いがある。
■学級で影響力の大きい，陰で仕切るような児童生徒
【男子】Ⓒ(晋平)：サッカーが得意。気持ちを言葉にすることが苦手。ルール遵守への意識が低い。
Ⓓ(尚太)：運動が得意。明るくひょうきんな振る舞いで周囲に笑いを提供する。
【女子】Ⓔ(桃花)：自己中心的な言動が見られる。本人も自覚している。
■態度や行動が気になる児童生徒
【男子】Ⓚ：ルールを守ろうという意識が低い。学習への意欲が高まってきた。
Ⓤ：遊びの加減がわからず，度を越して友達とのトラブルになることがある。
Ⓥ：友達と協力して仕事をすることが苦手。意固地になることがある。
Ⓘ(裕文)：自分の思いを上手に表現できない。遊びの加減がわからず失敗をすることがある。
【女子】Ⓕ(舞)：自己中心的な言動が見られる。いらいらした気持ちを周囲にぶつけることがある。
■プロットの位置が教師の日常観察からは疑問に感じられる児童生徒
【男子】Ⓠ：運動会で団長として役割を果たした。学習面で力を発揮していない。
Ⓦ：積極的に自分の考えを話す。反対意見も臆せずに言える。失敗することを恐れているように見える。

【女子】Ⓗ(みさき)：友達とのトラブルは少なくなった。
■学級内の小グループを形成する児童生徒
【男子】Ⓒ(晋平)，Ⓓ(尚太)，Ⓚ，Ⓠ：ほかの児童とのかかわりが増えてきた。グループになると，ルールを守ろうとする意識が低くなる。
【女子】Ⓐ(聡美)，Ⓔ(桃花)，Ⓕ(舞)：ほかの児童とのかかわりが増えてきた。
Ⓙ(沙織) Ⓜ, Ⓡ, Ⓢ, Ⓣ：Ⓜ, Ⓢのトラブルが少なくなった。
■4群にプロットされた児童生徒に共通する特徴
【満足群】遠慮なく自分を出している児童。学習やさまざまな活動に前向きな児童が多い。
【非承認群】おもに，学習面で自信がもてない。
【侵害行為認知群】友達と上手にかかわることができない。グループに上手に入ることができない。
【不満足群】友達と上手にかかわることができない。
■学級の様子と問題と感じていること
- 活発な児童の陰になっていた児童が，明るく元気になり，自分を出すことができるようになった。
- 学級全体で活動するときはまとまるが，生活レベルでは，ルールの定着やリレーションの形成が十分とはいえず，トラブルが起きることがある。
- 男子と女子が疎遠になりがちである。

事例8 考えの交流を通じて役割意識が向上した学級

3学期

混沌・緊張 ▶ 小集団 ▶ **中集団** ▶ **全体集団** 自治的集団

役割交流の活性化とともに自分の気持ちを表明できる児童が増えてきた

■**Keyword**：児童の主体性に任せる部分を増やす／男女混合のグループ編制

2学期を振り返って

2学期は，大きな目標に向かってみんなで取り組むなかで，学級全体にかかわる課題やトラブルが顕在化したが，解決に向かって取り組むことができた。

しかし，日常のかかわりのなかに，課題が残っていた。一部の男子と女子に疎遠な状況が見られるようになった。また，これまで活発な児童の陰になってあまり目立たなかった児童の間で，自己中心的な考えやコミュニケーション不足によるトラブルが起きていた。

共通の目標をもったグループができれば，互いに協力し合い，活動はスムーズに進んでいくのだが，日常生活レベルでは，まだルールの定着やリレーションの形成が十分とは言えなかった。3月には，すべての児童が「この学級にいてよかった」という思いで卒業してほしいと考えた。

考えられる対策

①児童の主体性に任せる部分を増やして「卒業プロジェクト」に取り組む

4月から，卒業式の自分の姿をイメージし，その姿に向かって進んでいくように児童に働きかけてきた。3学期は，卒業の準備や，卒業の日までに学級全体や個人でしたいことを出し合い，みんなで実行していく「卒業プロジェクト」に取り組む。学級担任は，児童が主体性を活かし協力するなかでリレーション形成をサポートする。

②男女混合のグループを編制して種々の活動に取り組む

これまで，学級でグループをつくって活動に取り組むとき，「何をしたい」という児童の希望を優先し，男女のバランスを考慮することが少なかった。3学期は，男女混合のグループ編制になるように働きかけ，男子，女子がそれぞれのもち味を生かして，協力して活動し，男女で協力するよさを実感できるようにサポートしていく。

こう動いた！▶▶▶

参加的リーダーシップ　委任的リーダーシップ

児童の話し合いや活動を見守り「卒業プロジェクト」の実行を支える

1，2学期では，運動会や卒業文集製作のように活動ごとにリーダーとフォロワーの役割を交代しながら全員で協力して1つのことをやり遂げる体験や，学習発表会のように希望者がプロジェクトチームをつくって発表内容や方法等の企画をし，ほかの児童はフォロワーとして活動する体験を重ねてきた。これらの体験を生かして卒業式までの準備を行っていくことで，児童がさらに主体性をもって活動できるようになると考える。

そこで，①卒業のときの自分や学級の姿をイメージする，②卒業までの見通しをも

つ，③学級や自分が卒業までに「すべきこと」と「したいこと」をあげる，④整理し，意味づけを行う，⑤計画を立て，分担する，⑥取り組む，という流れで進めていく。学級担任は，児童の話し合いや活動を見守り，適宜サポートする。

ルール確立はこうした！

❶ 一人一人に卒業のときのありたい姿を思い描かせ，めあてをもたせる。卒業までの見通しを全員で共有し，卒業の準備に協力して取り組んでいくことを申し合わせる。

❷ 下級生が開いてくれる「お別れ集会」でのお返しの出し物，社会科の学習をきっかけにして思いついたユニセフの募金活動等について，めあてや内容，進め方を話し合い，仕事を分担して実行させる。学級担任は，学校との調整や必要なものの準備，簡単なアドバイス行い，児童が主体的に活動を進めるのを見守る。

❸ これまでの学級の係活動等も含めて，適宜活動を見直し，不都合なことがあればみんなで話し合って内容やシステムを変更する。

リレーション形成はこうした！

❶ 男女のリレーションを深めるために，活動するグループは，男女混合とする。学級担任は，男子と女子が互いに協力するよさについて話し，協力を求める。

❷ 下級生や教職員の支えへの気づきや，自分たちが学校のみんなにとって大切な存在であることへの自覚を促すために，下級生が開く「お別れ集会」後の振り返りを特にていねいに行う。

❸ 6年間を振り返るなかで，自分や友達の大きな成長，互いの支え，家族や教職員の支えがあってこそいまの自分があることへの気づきを促すために，卒業式のなかで下級生や教職員，家族に言葉と歌で気持ちを伝える「別れの言葉」の言葉の部分を自分たちで作成させる。

リーダー，フォロワー育成はこうした！

❶ 卒業に向けての見通しをもち，しなければならないことは何か，したいことは何か，いつ，だれが，何をするのかについて話し合い，卒業プロジェクトとして進める。全員参加で，各自が主体的に活動してほしいという学級担任の願いを話す。それぞれの活動のリーダーチームをつくり，全員が希望のチームに入って企画・提案をさせる。リーダーチーム以外の児童には，リーダーをサポートする役割があることを意識させながら活動させる。

❷ 学級担任は，準備物等の相談にのり，活動のサポートを行う。

学級はこうなった！ ▶▶▶ 混沌・緊張 ▶ 小集団 ▶ **中集団** ▶ **全体集団** ▶ 自治的集団

卒業に向けて，学級がひとつになって活動を進めていった

1月の終わり，卒業に向けての取組みが始まった矢先，みさきが学校を欠席しがちになった。学級全体で話し合い，学級のみんなで手紙を書いてみさきに届けたが，みさきの欠席は続いた。沙織が，学級担任に「『なぜ，こんなことをしなくてはならないのか』と陰で文句を言っている人がいる」と知らせに来た。涙ながらに，「そんな

ふうに考える人がいるのでは、いくら話し合ってもだめだと思う」と訴えるので、その思いをみんなに話してみてはどうかと提案した。みんなの前で話すことの少ない沙織が思いを話すと、どの児童も真剣に耳を傾けていた。みさきは、欠席を始めてから1週間後、登校するようになった。児童は進んで声をかけ、みさきにとって居心地のよい学級になるように配慮していた。このトラブルを境に、学級集団の凝集性が一気に高まった。

おもなリーダー，フォロワー

- 拓磨（B）は、企画委員として、ウォークラリー集会や、あいさつ運動、リサイクル活動等にアイデアを生かしながら意欲的に取り組むようになった。
- 聡美（A）、舞（F）、亜子（G）、桃花（E）は、卒業プロジェクトで中心メンバーとして活躍した。聡美、舞はアイデアを生かし推進役として、亜子は、細部に気配りをしてよく働いた。

3学期の学級集団の状態（2月）

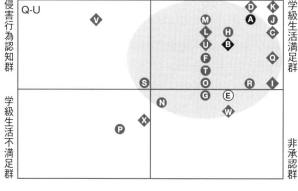

■**学級の公的リーダーの児童生徒**
【男子】B（拓磨）：明るい。何事にも前向き。
【女子】A（聡美）：だれにでも公平に接する。学級をよくしたいという願いがある。
■**学級で影響力の大きい，陰で仕切るような児童生徒**
【男子】該当なし。
【女子】E（桃花）：運動が好き。活発である。
■**態度や行動が気になる児童生徒**
【男子】V：思い込みから友達とトラブルになることがあったが、説明を聞くと事実を客観的に理解することができた。
【女子】H（みさき）：友達との関係が良好になった。強い口調でものを言うことがあるが、自分なりに気をつけている。
■**プロットの位置が教師の日常観察からは疑問に感じられる児童生徒**
【男子】X：友達とのかかわりは良好に見える。学習等で自信がもちきれていないように感じられる。
【女子】P：自分を出すことはあまりないが、以前に比べ、友達とのかかわりが活発になった。

■**学級内の小グループを形成する児童生徒**
【男子】該当なし。
【女子】該当なし。
■**4群にプロットされた児童生徒に共通する特徴**
【満足群】学習やさまざまな活動に前向きに取り組む。友達とのかかわりが活発。
【非承認群】自分の考えをもっているが、素直に表現できないときがある。
【侵害行為認知群】人とかかわることが得意ではない。トラブルがあると、自分を閉ざしてしまう。
【不満足群】自信がもてない。自分の思いを上手に表現できない。
■**学級の様子と問題と感じていること**
- リーダーとフォロワーの役割をその時々で変えながら協力して活動することが上手になった。自他の違いを認め、互いに認め合えるようになった。
- 集団のなかで、自分の立ち位置がわかり、自分のよさを生かしながら周囲の人と良好にかかわる力をさらにつけていきたい。

おわりに

1年間を振り返って

　4月，学級内で，個性の強い児童のエネルギーがぶつかり合っていた。一人一人の話に耳を傾けながら，次々と起きるトラブルに対応しつつ，学級集団づくりに取り組むなかで，児童の姿から学んだことが数多くある。一人一人にとって心の居場所となる学級集団を育成するためには，以下のことが大切だったと思う。
①こんな学級にしたいという願いを話し合い，共有すること
②こうありたいという自分の姿を描くこと
③教師は，勇気づけをし，具体的な方法を示して目標の実現をサポートすること
④学級にだれから見ても明確で納得できるルールがあること
⑤ルールの意味を問い続けること
⑥グループアプローチを取り入れて対話のある授業を行い，ルールに従って学習や活動を進めながら，リレーションを深めること
⑦学習や活動を通して得た気づきや感じたことを分かち合い，深めること
　学級の成長とともに，児童には次のような力や心が育っていった。
①目的をもって主体的に活動する力
②グループで役割を分担し，協力して学習を進めたり活動したりする力
③リーダーやフォロワーとして，互いを信頼し，それぞれの役割を果たす力
④相手に伝える力，相手を理解する力（伝えようとする心，理解しようとする心）
⑤トラブルを解決する力，トラブルにならない行動を選択する力
　②③④の力や心は，主に，対話のある授業を続けたことによって培うことができたと考えている。学級集団づくりを進めるには授業づくりが大切であることを感じている。
　学級が落ち着くと，目立たなかった児童が明るく元気になってリーダーとして活躍し始めた。一人一人が自分の思いを話したり人の思いを聴いたりできるようになり，友達との信頼関係に支えられ，失敗を恐れずチャレンジできるようになった。
　個性がぶつかり合うと，不協和音が生まれ学級はとても居心地が悪くなる。しかし，響き合えば一人一人の個性が輝き始め，それぞれに活躍の場ができる。そのような学級であれば，児童は，互いに認め，磨き合いながら，自分の力を伸ばしていくことができると考える。これからも，教師として，すべての児童が個性を輝かせ，精いっぱいに成長することのできる学級づくりに取り組んでいきたい。

コラム Q-U とは

Q-U の概要

Q-U は，児童生徒の学校生活の満足感を調べる質問紙で，標準化された心理検査です。教員が面接や観察で得た情報を客観的に補うアセスメント方法として，全国の教育現場で，よりよい教育実践のために活用されています。

Q-U は，「学級満足度尺度」と「学校生活意欲尺度」という2つの尺度で構成されています。Q-U に「ソーシャルスキル尺度」が加わったものが hyper-QU です。本稿では，学級満足度尺度を中心に紹介します。

「学級満足度尺度」を見る視点

学級満足度尺度では，「児童生徒個人の学級生活満足度」「学級集団の状態」「学級集団と個人との関係」を同時に把握することができます。

児童生徒が所属する学級集団を居心地がよいと感じるのは，(1) トラブルやいじめなどの不安がなくリラックスできている，(2) 自分が級友から受け入れられ，考え方や感情が大切にされている，と感じられる，という2つの側面が満たされたときです。

本尺度は，この2つの視点をもとに，児童生徒の満足感を測定します。(1) を得点化したものが「被侵害得点」，(2) を得点化したものが「承認得点」です。これらを座標軸にして，児童生徒が4群のどこにプロットされているかを見るのが一般的です。

Q-U の結果をまとめるプロット図

侵害行為認知群
自主的に活動していますが，自己中心的な面があり，ほかの児童生徒とトラブルを起こしている可能性が高い児童生徒です。被害者意識の強い場合も含まれます。

学級生活満足群
不適応感やトラブルが少なく，学級生活・活動に満足し，意欲的に取り組んでいる児童生徒です。

学級生活不満足群
いじめや悪ふざけを受けていたり，不適応になっている可能性の高い児童生徒です。学級のなかでも自分の居場所を見いだせず，不登校になる可能性も高いといえます。

非承認群
不適応感やいじめの被害を受けている可能性は低いのですが，学級内で認められることが少なく，自主的に活動していることが少ない，意欲の低い児童生徒です。

学級満足度尺度の個人結果を，学級全体で1枚の図にまとめます。すると，プロットの集まり方によって学級集団としての状態が見えてきます。

親和的なまとまりのある学級集団（満足型）

Q-U	
侵害行為認知群	学級生活満足群
学級生活不満足群	非承認群

ルール高
×
リレーション高

ルールとリレーションが同時に確立している状態

　学級にルールが内在化していて，そのなかで，児童生徒は主体的に生き生きと活動しています。児童生徒同士のかかわり合いや発言が積極的になされています。

かたさの見られる学級集団（管理型）

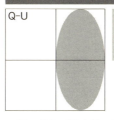

ルール高
×
リレーション低

リレーションの確立がやや低い状態

　一見，静かで落ち着いた学級に見えますが，意欲の個人差が大きく，人間関係が希薄になっています。児童生徒同士で承認感にばらつきがあります。

ゆるみの見られる学級集団（なれあい型）

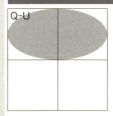

ルール低
×
リレーション高

ルールの確立がやや低い状態

　一見，自由にのびのびとした雰囲気に見えますが，学級のルールが低下していて，授業中の私語や，児童生徒同士の小さな衝突が見られ始めています。

不安定な要素をもった／荒れの見られる学級集団

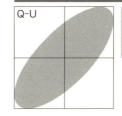

ルール低
×
リレーション低

ルールとリレーションの確立がともに低い状態

　学級内の規律と人間関係が不安定になっています。または，「かたさの見られる学級集団」や「ゆるみの見られる学級集団」の状態から崩れ，問題行動が頻発し始めています。

教育環境の低下した学級集団（崩壊型）

ルール喪失
×
リレーション喪失

ルールとリレーションが共に喪失した状態

　児童生徒は，学級に対して肯定的になれず，自分の不安を軽減するために，同調的に結束したり，ほかの児童生徒を攻撃したりしています。

拡散した学級集団（拡散型）

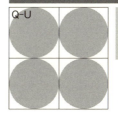

ルール混沌
×
リレーション混沌

ルールとリレーションの共通感覚がない状態

　教員から，ルールを確立するための一貫した指導がなされていない状態です。児童生徒の学級に対する帰属意識は低く，教員の指示は通りにくくなっています。

表 「集団の発達段階」ごとの対応の目安

集団の発達段階	学級集団づくり	学級のリーダー育成
混沌・緊張期 （集団の成熟度が低い） 学級編成直後の段階で、児童生徒同士に交流が少なく、学級のルールも定着しておらず、一人一人がばらばらの状態にとどまっている	学級集団とは何か、どういう仕組みなのか、集団の一員として生活や行動するとはどういうことかを理解させる	教員がモデルとなる行動をとりながら児童生徒にそのような行動の意義を説明し、その方法を教える
	【統合のポイント】児童生徒の意識性を高め、方法を共有させる ①すべての児童生徒に学級集団を形成する当事者であるという意識をもたせる ②不安のグルーピングを予防するために、教師や級友に対する緊張を低下させる ③教師や級友とかかわるための知識や技術を教え、抵抗なく取り組める場面を設定して、実際にかかわらせる	
小集団成立期 （集団の成熟度がやや低い） 学級のルールが徐々に意識され始め、児童生徒同士の交流も活性化してくるが、その広がりは気心の知れた集団内にとどまっている	学級集団の一員としての生活や行動の仕方を自発的にできるように促す	学級内の相対的に意識性の高い児童生徒が、教員の説明と行動をモデルにして行動し、リーダーシップを発揮できるように支援をする
	【統合のポイント】コアメンバーを形成する ①級友がモデルとなり、学級の3分の1の児童生徒に、学級目標や学級のルールに沿う建設的な行動が定着するように、そのような行動をしているグループのなかでも中心的な児童生徒を、学級のリーダーとする ②不安のグルーピングを予防する	
中集団成立期 （集団の成熟度がやや高い） 学級のルールがかなり定着し、小集団同士のぶつかり合いの結果後に一定の安定に達すると、指導力のあるリーダーがいる小集団などが中心となって、複数の小集団が連携でき、学級の半数の児童生徒が一緒に行動できる状態	学級集団の一員としての生活や行動を学級内のすべての児童生徒ができるように広げる	教員や意識性の高い児童生徒の行動が学級内に広まり、新たに意識性型が高まった児童生徒がリーダーシップを発揮するように水面下で支える
	【統合のポイント】リーダーシップを発揮する児童生徒をローテーションさせる ①中集団で活動するとき、小集団同士で話し合い、活動の見通しを共有し、役割分担をして活動できるようにする ②学級の半数以上の児童生徒が学級目標や学級のルールに沿う行動を積極的にとるようになること、いろいろな児童生徒が取組みに応じてリーダーシップを発揮することを促す	
全体集団成立期 （集団の成熟度が高い） 学級のルールが児童生徒にほぼ定着し、一部の学級全体の流れに反する児童生徒や小集団ともある程度の折り合いがつき、学級の児童生徒のほぼ全員で一緒に行動できる状態	学級集団の一員としての生活や行動を学級内のすべての児童生徒が自らできるように習慣化させる	学級内のすべての児童生徒がフォロワーシップを、おとなしい児童生徒もリーダーシップを発揮するように、児童生徒の主体的な活動を、全体的、長期的な視点でサポートする
	【統合のポイント】おとなしい児童生徒にもリーダーシップを発揮させる ①その活動に応じた児童生徒が学級のリーダーとなること、すべての児童生徒がフォロワーシップの発揮の仕方を身につけること、みんなで設定した行動がとれる児童生徒がほぼ全体に広がることを促す ②児童生徒の認め合いが広がり、学級のほとんどの児童生徒が主体的に役割を果たしながら学級の活動に取り組むことを促す	
自治的集団成立期 （集団の成熟度がとても高い） 学級のルールが児童生徒に内在化され、一定の規則正しい全体生活や行動が、温和な雰囲気のなかで展開される。児童生徒は自他の成長のために協力できる状態	学級集団の一員としての生活や行動を学級内のすべての児童生徒が主体的、能動的にでき、児童生徒で自己管理と自己教育ができる学級集団を形成して運営する	活動の内容に応じていろいろな児童生徒がリーダーシップやフォロワーシップを柔軟に発揮するように、全体的、長期的な視点でサポートする
	【統合のポイント】すべての児童生徒にリーダーシップもフォロワーシップも発揮させる ①教師は見守る姿勢を増やし、全体の場で意見や考えを表明して、学級内の問題や、みんなで取り組むべきことなどについて、みんなで考えるきっかけや視点を与える	

参考文献：河村茂雄『学級リーダー育成のゼロ段階』図書文化　2014

あとがき

　数年前，熱心な若い先生から相談を受けるなかで，「学級集団にルールを確立しリレーションを形成することをめざして学級経営に取り組んでいます。Q-Uの結果は満足群50～60％までしかいきません。私には何が足りないのでしょうか？」という質問をいただきました。その問いがずっと心に残っています。

　その先生は，次のような課題を自覚されていました。「自分の受けもつ学級は，学級内に全体的なまとまりが見られるまでには成長する。しかし，学級内の主流派と少数派の児童生徒の交流が少なかったり，学級内の児童生徒の活動意欲に多少の温度差が感じられたりする状態が解消されない」と。そのときは，同僚の先生方の協力も得ながら一緒に方策を考えましたが，学級が比較的安定しているというなかで，これ以上何をどう改善すればよいか見えず，残念ながら納得のいく解決ができませんでした。

　同じころ，Q-Uを活用した学級集団づくりの事例検討セミナーで，「学級内にリーダーを育てる」という対応策が先生方からよく提案されていたことから，「リーダー育成」と「学級集団づくり」のかかわりに興味をもち始めました。まもなく出版された『学級リーダー育成のゼロ段階』（河村茂雄著）を読み，関心はさらに高まりました。

　本書は，河村茂雄先生が提唱する学級リーダー育成の方法を取り入れて編集した学級集団づくりの事例集です。事例を読むと，学級集団が自治的に変化するときには，学級担任がある活動を仕掛けることが必要不可欠であることが見えてきます。それは，「児童生徒一人一人が学級活動に関する役割を担い，責任の範囲を明確にしながら確実に遂行し，そのプロセスで互いに認め合い讃え合う活動」です。また，学級集団が実際に自治的に成長した事例では，学級集団の成熟度が低い「学級開きから小集団成立期に至るまでの間」や，「前年度の荒れを引きずった状態から，荒れをなんとか収めるまでの間」にも，学級担任が，少しずつ児童生徒のリーダーシップやフォロワーシップを高める働きかけをしているという点が共通しています。

　本書は冒頭でふれた若い先生の問いに答えるべく，「満足群50～60％の中集団成立期を突破し，満足群70～80％以上の自治的な学級集団へと成熟させる取組みのヒント」が詰まっている図書をめざしました。「みんながリーダー」という理想的な学級の状態を実現し，学級を自治的集団に成長させるための一助になりましたら幸いです。

　なお，本書の完成にはさまざまな方にご協力をいただきました。原稿を執筆してくださった先生方，またていねいに原稿を読み，適切にご助言くださった編集協力の先生方，そしてはじめは点と点を結ぶような地道な作業でしたが，徐々に線や面として立体的に仕上げてくださった図書文化社の佐藤達朗さんに心より感謝申し上げます。

　2015年6月

盛岡大学文学部准教授
博士（心理学）武蔵由佳

■編集・執筆

河村茂雄　かわむら・しげお　序章，第1章，コラム（P14, 15）を執筆
早稲田大学教育・総合科学学術院教授。筑波大学大学院教育研究科カウンセリング専攻修了。博士（心理学）。公立学校教諭・教育相談員を経験し，岩手大学助教授，都留文科大学大学院教授を経て，現職。日本学級経営心理学会理事長，日本教育カウンセリング学会理事長，日本教育心理学会常任理事，日本カウンセリング学会常任理事，日本教育カウンセラー協会岩手県支部支部長。論理療法，構成的グループエンカウンター，ソーシャルスキルトレーニング，教師のリーダーシップと学級経営について研究を続ける。

武蔵由佳　むさし・ゆか　第2章，コラム（P20～22）を執筆
盛岡大学文学部准教授。博士（心理学）。公立中学校・私立高校の相談員，都留文科大学および早稲田大学非常勤講師を経て，現職。学校心理士。臨床心理士。上級教育カウンセラー。日本教育カウンセリング学会常任理事，日本学級経営心理学会常任理事。構成的グループ・エンカウンターを活用した仲間集団づくり，青年期のアイデンティティ形成，児童生徒学生の友人関係に関する研究に取り組んでいる。

■編集協力

伊佐貢一　いさ・こういち
魚沼市教育委員会統括指導主事

川俣理恵　かわまた・りえ
名城大学非常勤講師

深沢和彦　ふかさわ・かずひこ
山梨県公立小学校教諭

水上和夫　みずかみ・かずお
富山県公立学校スクールカウンセラー

森　憲治　もり・けんじ
いなべ市立東藤原小学校校長

■事例協力，執筆

今村綾乃（新潟県）
宇佐美誉（三重県）
木村正男（岐阜県）
齊藤　勝（東京都）
笹原英子（山形県）
島田昌美（富山県）
中澤扶美子（大阪府）
深沢和彦（山梨県）

（所属は2015年6月現在）

（名前は50音順）

シリーズ 事例に学ぶQ-U式学級集団づくりのエッセンス

実践「みんながリーダー」の学級集団づくり 小学校

2015年8月1日　初版第1刷発行［検印省略］

編 著 者　ⒸÂ河村茂雄・武蔵由佳
発 行 者　福富　泉
発 行 所　株式会社 図書文化社
　　　　　〒112-0012　東京都文京区大塚1-4-15
　　　　　TEL. 03-3943-2511　FAX. 03-3943-2519
　　　　　振替　00160-7-67697
　　　　　http://www.toshobunka.co.jp/
本文デザイン・装幀　中濱健治
Ｄ Ｔ Ｐ　株式会社 さくら工芸社
印　　刷　株式会社 加藤文明社印刷所
製　　本　株式会社 村上製本所

JCOPY 〈(社)出版者著作権管理機構 委託出版物〉
本書の無断複写は著作権法上での例外を除き禁じられています。
複写される場合は，そのつど事前に，(社)出版者著作権管理機構
(電話 03-3513-6969，FAX 03-3513-6979，e-mail：info@jcopy.or.jp)
の許諾を得てください。

乱丁・落丁本の場合はお取り替えいたします。
定価はカバーに表示してあります。
ISBN978-4-8100-5657-0　C3337

河村茂雄の学級経営

● Q-U

学級づくりのためのQ-U入門
A5判 本体1,000円+税

Q-Uによる 特別支援教育を充実させる学級経営
B5判 本体2,200円+税

Q-Uによる 学級経営スーパーバイズ・ガイド 小学校／中学校／高校
B5判 本体3,000~3,500円+税

● シリーズ事例に学ぶQ-U式学級集団づくりのエッセンス

集団の発達を促す学級経営 小学校(低／中／高)／中学校／高校
B5判 本体2,400~2,800円+税

実践「みんながリーダー」の学級集団づくり 小学校／中学校
B5判 本体各2,400円+税

● 学習指導

授業づくりのゼロ段階
A5判 本体1,200円+税

授業スキル 小学校編／中学校編
B5判 本体各2,300円+税

学級タイプ別 繰り返し学習のアイデア 小学校編／中学校編
B5判 本体各2,000円+税

● 学級集団づくり

学級集団づくりのゼロ段階
A5判 本体1,400円+税

学級リーダー育成のゼロ段階
A5判 本体1,400円+税

Q-U式学級づくり 小学校(低学年／中学年／高学年)／中学校
B5判 本体各2,000円+税

学級集団づくりエクササイズ 小学校編／中学校編
B5判 本体各2,400円+税

● 特別支援教育

ここがポイント 学級担任の特別支援教育
B5判 本体2,200円+税

特別支援教育を進める学校システム
B5判 本体2,000円+税

ワークシートによる 教室復帰エクササイズ
B5判 本体2,300円+税

● 学級経営の理論的構築

日本の学級集団と学級経営
A5判 本体2,400円+税

こうすれば学校教育の成果は上がる
A5判 本体1,000円+税

● ロングセラー

学級崩壊 予防・回復マニュアル
B5判 本体2,300円+税

タイプ別 学級育成プログラム 小学校／中学校
B5判 本体各2,300円+税

学級ソーシャルスキル 小学校(低学年／中学年／高学年)／中学校
B5判 本体2,400円~2,600円+税

図書文化